地势坤，君子以厚德载物。

# 原则

## 极简孟子

王蒙 著

北京联合出版公司
Beijing United Publishing Co.,Ltd.

**图书在版编目（CIP）数据**

原则：极简孟子 / 王蒙著 . —北京：北京联合出版公司，2019.9

ISBN 978-7-5596-3495-5

Ⅰ . ①原… Ⅱ . ①王… Ⅲ . ①儒家②《孟子》- 研究 Ⅳ . ① B222.55

中国版本图书馆 CIP 数据核字（2019）第 156662 号

**原则：极简孟子**

作　　者：王　蒙

责任编辑：牛炜征

北京联合出版公司出版

（北京市西城区德外大街 83 号楼 9 层　　100088）

天津旭丰源印刷有限公司印刷　　新华书店经销

字数：135 千字　880mm × 1230mm　1/32　印张：7.25

2019 年 9 月第 1 版　　2019 年 9 月第 1 次印刷

ISBN：978-7-5596-3495-5

定价：48.00 元



如发现图书质量问题，可联系调换。质量投诉电话：010-82069336

## 目 录

### 序 章　什么样的人生值得过

## 第一章　做人的根本原则



## 第二章　学习的独到方法

## 第八章　对待家人要有责任感



## 终　章　实现弘扬义理的高尚人生

# 序章　什么样的人生值得过

## 人生要达到一定的高度

善是德行的高度，信是人际关系的高度，美是情感与精神的高度，大是人格与智慧的高度，神是超拔超越的高度。

人生在世之要务，就是达到一定的高度。

---

“可欲之谓善，有诸己之谓信，充实之谓美，充实而有光辉之谓大，大而化之之谓圣，圣而不可知之之谓神。”

可以喜欢他肯定他就是好，他身上确有人们肯定的好处就可以相信了。各种好处他都很充实饱满那就是美，不但充实而且光辉四射，那就是伟大，伟大于教化于各个方面那就是圣人，圣明到了超人的难以知晓的程度了就是神圣。

《尽心章句下》

## 要有自己的标准和要求

大匠大师不会因为其他工匠的拙笨而改变或者废弃自己的尺度，名射手不会因为其他射箭人的拙劣而降低拉弓的标准。

有的时候意欲务实，自然要放低身段，增加主张道理的可操作性、亲和性；有的时候则必须强调理想，高标准严要求，就高不就低，不迁就别人，这样才能取得更高的成就。

---

"大匠不为拙工改废绳墨，羿不为拙射变其彀率。"

大匠大师不会因为其他工匠的拙笨而改变或者废弃自己的尺度，名射手不会因为其他射箭人的拙劣而降低拉弓的标准。

《尽心章句上》

## 要有内涵和积淀

“上善若水”是赞美水的谦卑与灵活顺应，除此之外，水的美德还在于它有本有源、丰沛充盈。

本源就是内涵，是学问、思考、经验、境界、格局。谁能像水一样，做到滚滚洋洋、遍布四海、取之不尽、用之不竭？反过来说，有几个人不是浅尝辄止、应付搪塞、得过且过、蝇营狗苟？

有内涵才能有气势，有积淀才能有格局，这是水给我们的启示。

---

“原泉混混，不舍昼夜，盈科而后进，放乎四海。”

水从它的源泉处滚滚流涌，昼夜不停，填满了各种洼地，一直流入四面的大海，因为它有丰沛的源头，所以它才有滚滚的气势。

《离娄章句下》

## 也要有坚持和风骨

如果不是自己的同道，即使是哪怕一点点好处，也不能接受。这话听起来有一点狭隘，但其中却自有坚持和风骨。

很多时候，是非对错之间没有程度的区别，有的只是一条线，超过这条线就走向错误，保持在线内就是正确。

只有时刻保持警惕，不因小的事情放松对自己的要求，人生才能永不越界。

---

"非其道，则一箪食不可受于人。"

不合乎正道，一筐食品也不能接受。

《滕文公章句下》

## 要有充沛的自信

这是一句充满自信的宣言：当今世界上除了我，还有谁能担当这样的重任呢？

这里面有浩然之气，有坦坦荡荡，有翱翔九万里的念想，有大志、大格局、大使命。每个人在担当难事时，似乎都该有这么一股坚守自己的信念与精神的浩大。

这份充沛的自信，往往指引我们取得成功。

---

“当今之世，舍我其谁也？”

当今世界上除了我，还有谁能担当这样的重任呢？

《公孙丑章句下》

## 也要富于洞察力

天那么高，星辰那么远，可是如果已经弄清它们的情状，那么千年之后的节气日期变化，也是可以坐而计算出来的。

这其中固然有夸张的成分，但也昭示了一种自信，尤其是在科技如此发达的今天。富于洞察力的人，的确有能力做到这一点。

---

“天之高也，星辰之远也，苟求其故，千岁之日至，可坐而致也。”

天那么高，星辰那么远，可是如果已经弄清它们的情状，那么千年之后的节气日期变化，也是可以坐而计算出来的。

《离娄章句下》

## 不要成为浅薄的人

有一个人伸不直无名指，如果有什么人能帮他把手指伸直，再远的路程恐怕他也不会拒绝。原因是如果不治，他的手指不如旁人的。哪怕一根手指比旁人的差，他也知道为之抱恨。可如果他的心肠不如旁人呢？他却不知道抱恨。

这是很简单的一个道理：指不如人，明显得很；心不如人，谁能看得出、看得准？

浅薄的人只在意面子，不会在意里子，因为他们根本看不到里子，我们不能成为这样的人。

---

"指不若人，则知恶之；心不若人，则不知恶。"

哪怕一根手指，比旁人的差，他也知道为之抱恨。那么，如果他的心肠不如旁人呢？他却不知道抱恨。

《告子章句上》

## 要有好善之心

中华文化的特色之一是泛道德论，又可以叫作泛善论。

问题在于，善恶的差别并不仅是一念之差所造成的，权力、族群、国家、地区、资源环境、地理特色、气象变化、发展程度、各自利益、文化习俗、价值观念都有不同，难以避免阶级矛盾、民族矛盾、地区矛盾、信仰差异、价值抵牾、文化冲突，等等，也难以避免人与自然的不和谐带来的饥饿、疾病、自然灾害、生活资料不足这些困难。这么多冲突麻烦，对于善的理解也必然无法统一。

所以，我们所强调的，应该是一颗好善之心。

---

"好善优于天下。"

善良的美德比天下的一切都更优越、更有价值。

《告子章句下》

## 更要时刻保有同情心

人都是有为他人的痛苦而难以忍受的心情的，这里的“不忍”，指的是一种与生俱来的同情心和同理心。正是因为如此，人类的祖先才得以团结起来，建立起今天的文明社会。

所以，人的一切作为都应顺乎人性、发乎良善、呼唤良知。这话既不复杂也不高深，但是颠扑不破。许多自以为过分伟大的人，正是失败在这个简单的良善与否的选择上。

---

“人皆有不忍人之心。”

人都是有为他人的痛苦而难以忍受的心情的。

《公孙丑章句上》

## 要努力，也要接受力所不及

一件事情进行着，一定有让人愿意去进行的驱动原因；一件事情停止了，一定有妨碍人去作为的制动因素。这种进行或停止，往往不是人所能左右的。看似偶然的事件，也是几条必然线索交会的结果。

我们不仅要认识到个人努力对于事情的积极影响，也要坦然接受有些事情确实是人力不可及的。过分的执着不仅于事无益，有时还会带来痛苦，不要让执着变成执念。

---

"行止，非人所能也。"

一件事进行或停止，往往不是人所能左右的。

《梁惠王章句下》

## 要拿得起，放得下

可以做事就做事，可以罢手就罢手，可以做得长久一些就长久一些，可以赶紧离去就赶紧离去。既拿得起，又放得下，不去在意他人的议论，而是追求自己的本心，这是很潇洒的活法，也很受人尊敬。

无论是爱情、事业、生活，都是相同的道理，有了问题不去怨恨，也不死缠烂打，学着超脱一点，人就会快乐很多。

---

“可以仕则仕，可以止则止，可以久则久，可以速则速。”

可以做事就做事，可以罢手就罢手，可以做得长久一些就长久一些，可以赶紧离去就赶紧离去。

《公孙丑章句上》

## 不要活在算计和比较中

品德高尚的人，境界与他人不一样，胸怀、格局、风致也非同凡响。

他们忧虑的是一生度过了，没有完成自己的使命，没有实现自己的人生理想，没有落实自己的价值认定，没有发挥出自己明明具有的才能与忠诚，没有最大限度地做出应有的贡献，这才是值得为之忧虑的。

至于一时的荣辱得失，则只可反求诸己，宁认为过失在己，绝不会怨天尤人。如果一个人每天都诚惶诚恐、锱铢必较，活在算计和比较的不忿不服气之中，几乎可以肯定，他是不会有什么大的成就的。

---

“君子有终身之忧，无一朝之患也。”

君子有终身的忧虑，却没有一时的过不去。

《离娄章句下》

## 要把握最根本的观念

万物皆备于我，我一人而无所不备。对于中华思维模式来说，就是两个融合，一个是主体与客体的融合，一个是万物与一的融合。中华文化追求的是万法归一，是世界的整体性与统一性，追求的是真理的根本性、万能性。

人们相信世上总是有一些根本的观念、价值与道理，把握了它们，就可以正确处理一切，这是种莫大的自信与快乐。

所以，要追求内心、本我，至今我们还在说苦练内功。外物呢？则要强调恕道，推己及人，恕则近仁，避免只知伸手、抱怨、树敌、自毁。

---

“万物皆备于我矣。”

人的本我，具有对于世间万物的观照与汲取（体悟到的是世间万物的本性与规律）。

《尽心章句上》

## 要搞清万事万物的源起

不研究问题的本源，而只衡量它们的末端；不考虑事情的源起，而只评估它们的结局，显然会得到可笑的结果。

任何讨论，不但要看结论，还要看源起，方寸之木能不能高过大楼，很简单，看你把它放在哪里或举到哪里。大千世界，不能一概而论。

---

“不揣其本，而齐其末，方寸之木，可使高于岑楼。”

不研究问题的本源，而只衡量它们的末端（不考虑它们的源起，而只评估它们的结局），一块一寸高的木头也可以想法让它比一座大楼高嘛。

《告子章句下》

## 要弄明白生活的原委

做了，但是不明晰是在做什么；习惯了，但是察觉不到自己是习惯了什么和为什么习惯；一生都遵循一定的道理，却不知道究竟是怎样的道理。这是大多数人的状况。

社会中的人，做什么事其实是有一定的价值判断、一定的规则与习俗的，问题是一般人多是约定俗成、人云亦云、随波逐流地过日子，并不去体察研究弄明白个中原委，这样就难免活得很糊涂。立志高远的人，应该避免这样。

---

“行之而不著焉，习矣而不察焉，终身由之而不知其道者，众也。”

做了，但是不明晰是在做什么；习惯了，但是察觉不到自己是习惯了什么和为什么习惯；一生都遵循一定的道理，却不知道究竟是怎样的道理。这是大多数人的状况。

《尽心章句上》

## 要将激情升华为艺术

真正追求真理与大道、有着自己兴趣与爱好的人是幸福的，他们思考和行动起来，往往能废寝忘食、夜以继日。也正因为这份执着，他们才能够攀上高峰、臻于极致。

英国哲学家罗素说：“人类成就中最伟大的部分，往往带有某种沉醉的成分。” 唯其如此，我们才能将欲望升华为激情，将激情升华为艺术。

---

“仰而思之，夜以继日；幸而得之，坐以待旦。”

仰头思虑，夜以继日；有所心得，深以为幸，坐在那儿等待天明好去落实。

《离娄章句下》

# 第一章　做人的根本原则

## 人应该有个人样儿

俗话说，人应该有个人样儿，说的就是形式与内涵的一致。人有了五官四肢、体形体貌，而不是浑身长毛、四条腿爬行的兽貌，这是人的光荣与骄傲，人的表现应该符合这个物种的形与貌。真正体现了人形、人色、人容、人貌，也就是涵养与培育了人的善良的天性。

可惜的是有那么一些空有人形、人色、人貌的人，虽有人形，却只有蛇蝎虎狼之性。

---

"形色，天性也；惟圣人然后可以践形。"

形体举止与容貌气色，是天性所生成的，但是只有圣人才能真正体现出（无愧于）他的天性生成的形与貌。

《尽心章句上》

## 人与禽兽的区别

人一旦丧失自身的人文特质，也和禽兽没有什么区别。

品德高尚的人善于保持保护自身的人文特质，例如他们也有食色物欲，但他们同时注意仁义之道的原则与礼法规矩。小人则不然，见利忘义、见色忘礼、见权忘仁，极易流于动物性本能，于是恶德泛滥、恶人横行、恶俗席卷、礼崩乐坏。而这一切，有时往往在于一念之间。

保持自己的人文特质，做一个堂堂正正大写的人。

---

“人之所以异于禽兽者几希。”

人与禽兽的区别其实并没有太多。

《离娄章句下》

## 良知是做人的底线

人无须学习训练就具有的能力叫作良能，无须思考就能懂得的知识叫作良知。直到今天，良知良能的用语仍然有巨大和强烈的现实意义与感动人心的力量。它独特的魅力在于诉诸人心，而且是诉诸常识、常情、常理。

今天人们所说的良知良能，它们表述的往往是最少争议的人类品德与认知底线，或者称之为普适价值。例如种族灭绝、大规模屠杀平民、酷刑体罚，如果我们说这些是违背今天人类的良知良能的，重点不在于是否生而得之知之，而在于它们违背了作为人的底线。

---

“人之所不学而能者，其良能也；所不虑而知者，其良知也。”

人无须学习训练就具有的能力叫作良能；无须思考就能懂得的知识叫作良知。

《尽心章句上》

## 珍惜自己的德行

其实，每个人都有自己的高贵之处，只是人们不肯顺着这个思路去思考。对于我们普通人来说，最重要的是精神的高贵，而不是显贵、权贵、大款。自己的德行的充实，不需要依仗权力与金钱，也不需要依赖权贵的承认。

“人人有贵于已者，弗思耳矣。”此语简明而又振聋发聩，令人眼睛一亮。问题在于太多的蠢人、陋人不懂得珍惜自己的高尚与宝贵处，却艳羡于他人的暴发户式、浅薄空洞式、装腔作势式、小人得志式、因人成事式的所谓“成功”，太可悲，也太丑陋了。

---

“人人有贵于已者，弗思耳矣。”

其实，每个人都有自己的高贵之处，然而人们常常是不肯顺着这个思路去思考的。

《告子章句上》

## 升华固有的品质

同情怜悯心、羞耻惭愧心、恭敬佩服心、是非辨别心，这是人人都有的。

这些朴素的情感加以升华，同情心就变成了仁，羞耻心就变成了义，恭敬心就变成了礼，是非心就变成了智。可见这些品质都是原生的品质，不是外部世界加到人身上的，而是人们所固有的。

一切高尚的品行，都是人类原有朴素情感的升华。

---

"恻隐之心，人皆有之；羞恶之心，人皆有之；

恭敬之心，人皆有之；是非之心，人皆有之。"

同情怜悯心是人人都有的，羞耻惭愧心是人人都有的，恭敬佩服心是人人都有的，是非辨别心是人人都有的。

《告子章句上》

## 强调人性的作用

人性中有生理的要求，所谓“食色，性也”，但它们只可以强调为命，即生命与命运这一面，而不宜强调它们也是人性，即人的自然禀赋、人的追求与需要、人的良知良能。

仁义礼智、天道这些精神的特色与走向，同样也是生命、命运的表现，但应该强调的不是生命与命运，而是人性。强调人性的精神道德层面，这是中国传统文化的特色之一。

---

“命也，有性焉，君子不谓命也。”

这是命运的赐予，但也要靠人性的发育才能具备。圣人对于这些道德的标尺，就不强调它们为命运所决定的（偶然性相对性）一面。

《尽心章句下》

## 机遇存于秉性之中

安身立命，求诸神佛吗？求诸天地吗？求诸际遇吗？求诸法术吗？不，还是求诸人心、人性、良知、良能，修身以俟之吧。

由此可见，安身立命之道是求诸内心，求诸秉性，相信上天给予的机遇恰恰就存在于秉性天良之中，这样想，比仅仅匍匐崇拜神佛，却不免感觉够不着摸不到，要更亲切、更深刻，也更警醒。

---

"夭寿不贰，修身以俟之，所以立命也。"

不论寿命长短、年龄幼长，都能一以贯之地如是做、修为自身、等待天道赐予的可能而有所作为，这也就能够安身立命了。

《尽心章句上》

## 让道德品质融入自身

品德高尚之人所具有的秉性，即使大行其道，也无所增益扩大；即使穷困局促，也无所损伤、委顿，因为它是已经确定了的自己的分量定额。

这种秉性更是已经成了自然人性的一个有机部分，是与生俱来不受损伤、不受抬举、不被扩张、不受外物的折腾的。

我们要做到把道德品质胸怀生理化、生命化、身体化，让它们成为自己身体难以割舍的一部分。

---

**“君子所性，虽大行不加焉，虽穷居不损焉，分定故也。”**

君子具有的秉性，即使大行其道，也无所增益扩大；即使穷困局促，也无所损伤、委顿，因为它是已经确定了的自己的分量定额。

《尽心章句上》

## 善良能够滋养人

人们常常从历史上发现，历史的角力关头，善良成为无能的遮羞布，而胜者靠的是“恶向胆边生”“算你狠”“先下手为强”“不为铁锤，便为铁砧”（最后一句话出自季米特洛夫在“国会纵火案”审判中为自己所做的辩护词）。

但同时人们会发现，仅仅靠强悍和暴力无法成功久远，无法长治久安，马上可以得天下，却治不了天下。

在生活中，我们有时必须面对强悍争胜的现实，承认善良未必能服人。但我们也要认识到，善良的确能够滋养人。做不到让别人心服口服，或许能取得一时的胜利，但却无法取得长久的成功。

---

“以善服人者，未有能服人者也；以善养人，然后能服天下。”

靠善心来征服他人的，是征服不了谁的；靠善来培育人、滋养人，然后顺着这个路子，才能让天下服膺。

《离娄章句下》

## 善的力量滔滔不绝

听闻善德美好的言语，目睹善德美好的行事，你就会感觉到善的力量，进而行德行善求善，这力量就像决堤的江水，势不可当。

今天的人们似乎越来越看到恶的力量了，暴力、武器、阴谋、骗局……无不令人胆寒。可是这里相信的、提倡的却是善的力量，滔滔不绝，令人感动。

---

“闻一善言，见一善行，若决江河，沛然莫之能御也。”

听到了一些善德美好的言语，看到了一些善德美好的行事，于是善的力量推动着他行德行善求善，像江河之水冲决了阻挡，汹涌澎湃，势不可当。

《尽心章句上》

## 细心呵护自己的心性

人要时刻关心对自己的良善美好心性的培育涵养，不可粗心大意，不可有所戕害。

良心和善念，也是和草木花卉一样，时时刻刻需要浇灌修剪、精心照料的，我们要像呵护草木花卉一样照料我们的心性。

---

“苟得其养，无物不长；苟失其养，无物不消。”

得到培养，一切都会良好生长；失去培养，一切都会完结衰亡。

《告子章句上》

## 伪善不可取

讨厌莠草，怕的是它弄乱了禾苗；讨厌拍马屁，怕的是它弄乱了义理原则；讨厌巧嘴滑舌，怕的是它弄乱了诚信。以上这些都算是伪善。

我们的文化本身强调中道，强调合情合理、稳定成熟，但对于伪善却批评得异常严厉。

---

“恶莠，恐其乱苗也；恶佞，恐其乱义也；恶利口，恐其乱信也。”

讨厌莠草，怕的是它弄乱了禾苗；讨厌拍马屁，怕的是它弄乱了义理原则；讨厌巧嘴滑舌，怕的是它弄乱了诚信。

《尽心章句下》

## 表演善良胜过彻底残忍

有一些事情，是人的道德底线所无法忍受、绝不容许、绝不接受，自己更是绝对不会去做的，比如见其生却又见其死，比如闻其鸣而又食其肉。

这种道德底线，与其说是一种逻辑、一种判断、一种利益选择，不如说是一种情感，一种天生的良心感受，一种冥冥中带有天赐宗教色彩的善良、怜悯、宽恕与慈悲心。

这就是人，功利起来可能残酷，善良起来也会有动人的表现。人是有这种自相矛盾的，但表现乃至表演善良，也比只功利、完全不善良好。与彻头彻尾的残忍相比，这是一种斯文的优胜。

---

“君子之于禽兽也，见其生，不忍见其死；闻其声，不忍食其肉。”

君子对于禽兽，看到了它们活着的样子就不忍再去看它们的死亡了；听到过它们的叫声，也就不忍心去吃它们的肉了。

《梁惠王章句上》

## 不做不该做的事

你要知道自己不该做什么，才能做好该做的事，这是一个极简单通俗的道理。

你做了许多不必做、不该做、境界狭小的破事，你甚至做了伤天害理、缺德不仁之事，你哪里还有可能走上正道？至少你哪里还有工夫、还有精力有大抱负、有大作为？

这不仅是品德问题、好人与坏人的分野问题，也是智巧、根本性的智慧。善于有为者应该最善于有所不为，什么都为的人，无分巨细、事必躬亲的人，不可能有太大成绩。

---

“人有不为也，而后可以有为。”

人总是要有所不为的，然后才可能有所作为。

《离娄章句下》

## 勿以恶小而为之

过错不太大，怎么能说没有过错呢？

小的过错固然更应该被原谅，却并不能因此而忽略它、掩饰它，说不定在不远的将来，小过错就会变成大过错。

所以，古人说：“勿以恶小而为之，勿以善小而不为。”

---

“薄乎云尔，恶得无罪？”

过错不太大，怎么能说没有过错呢？

《离娄章句下》

## 正有正报，歪有歪报

有些事情人们之所以会厌恶，不是因为这件事本身，而是因为做事的人违背了正道。不走正道干一件事，就仿佛钻洞凿缝的小偷小摸一样，不仅别人瞧不起，自己心里也不会敞亮。

万事皆有其正道，不合正道，即使达到了目的也是耻辱，也站不住：正有正报，歪有歪报，不是不报，时候未到；时候一到，丢人现眼你跑不掉。

---

"不由其道而往者，与钻穴隙之类也。"

不走正道干一件事，就仿佛钻洞凿缝的小偷小摸一样。

《滕文公章句下》

# 第二章　学习的独到方法

## 学习的最高境界

学习的最高境界是主体化，即把客体的知识、学问、道理与自己的理解、体验、感悟、爱憎、希冀结合起来，然后天地化为境界，知识化为格局，学问化为心胸，道理化为智慧，规律化为把握，终极化为核心范畴。

---

“自得之，则居之安；居之安，则资之深；资之深，则取之左右逢其原。”

自己有了贴切的体会心得，自居、自知、自主才能安然有谱。自主得安然有谱，精神积累才能做到深邃丰富（资质才有深度），运用起来，也就左右逢源。

《离娄章句下》

## 追求更好是一种天性

我们常说“人往高处走”，就像鸟儿总是从幽深的谷地向高耸的大树上飞翔，却很少从高耸的大树上往幽深的谷地飞去。

人们总是自然而然地趋好向善，追求更完美的境界，这是一种天性。顺应这种天性并加以努力，我们就能走得更为高远。

---

“吾闻出于幽谷迁于乔木者，未闻下乔木而入于幽谷者。”

我听说过鸟儿从幽深的谷地向高耸的大树上飞翔的，没有听说过从高耸的大树上往幽深的谷地飞去的。

《滕文公章句上》

## 学规矩，养仁心

人们往往将天性与规矩对立起来，但其实仁心来自天性，失落仁心来自恶习、恶人、恶劣环境。克服后天遭遇的恶劣必须学习，只要学习，就必须严格认真讲规矩。规矩是后天的，后天的规矩是为了恢复、复原、复活、充实、涵养先天的仁心。不讲规矩，反对规矩，就会堕落为恶劣。

如果大家都学规矩，学仁义，世界就仍然充满希望。

---

**“大匠诲人必以规矩，学者亦必以规矩。”**

大师教诲人，一定是要教导规矩的；学徒学艺，也是一定要先学规矩的。

《告子章句上》

## 没有规矩，就不能成方圆

日常生活中，我们不能只依情感进行价值取舍，还必须有规范意识。

人应该学会反求诸己，向自己的天良、自己的良知良能要求美好与智慧；但仅仅靠“天生丽质”是不够的，还要向先贤、向历史、向文化求得规矩准绳，借助历史的经验与高度。一要有好的素质，二要有一套行之有效的章法与手段，而章法与手段是一种文化，是历史经验的积淀。当人们说某某人规规矩矩、“靠谱”的时候，这正是对心性与文化相结合的一种认同。

人再伟大，还需要有不懈的规范与操作，没有规矩，就不能成方圆。

---

“不以规矩，不能成方圆。”

没有圆规与矩尺，你也画不成正确的圆形与方形。

《离娄章句上》

## 读书，与圣贤为友

读一本书，就好像在和作者对话。慢慢地，这种学习的心愿就将变成一种诚挚深切的友好心情，我们就可以通过思维观念的融合碰撞而与先贤为友，与古圣为友，与昔日的英雄豪杰、学者圣贤为友。

颂其诗，读其书，知人论世，就是将友情友谊扩展到了古代。倘若不假思索，囫囵吞枣，一本书草草看过却没有和书的作者产生共鸣，这和没有看过又有什么区别呢？

---

“颂其诗，读其书，不知其人，可乎？”

吟咏他们的诗歌，阅读他们的著作，却不了解他们的为人（不能成为他们的知音），那怎么可以呢？

《万章章句下》

## 读书，要独立思考

“书”指的是上古经典《尚书》，后来被理解为一切书籍。

书上说什么你信什么，那还不如世上没有书。人们以此来强调书本知识的不可靠以及独立思考的重要性。

同时，精辟透脱的读书法，还要求读者善于独立思考问题，不要成为一个记死道理却不知变通应用的书呆子。

---

“尽信书，则不如无书。”

《尚书》上说什么你信什么，那还不如世上没有《尚书》。

《尽心章句下》

## 更新求变，与时俱进

中华传统文化讲“穷则变，变则通，通则久”“与时俱化”“苟日新，日日新，又日新”，心思固守一套标准而不加以变通，如何能更新求变？

所谓“流水不腐，户枢不蠹”，我们也是要讲不断地发展变化、与时俱进的。明白客观条件的不同，用灵活的眼光去看待问题，就可以避免固执。

---

“彼一时，此一时也。”

那时候是那时候，现在是现在（那时候的标准未必适应于现在）。

《滕文公章句下》

## 天资再好，也需要滋养

西子就是四大美女之一的西施，即便是美如西施，如果遭遇不洁的外物强加，旁人也会掩鼻而过。这是讲文化、礼行、自我管理的重要性。

自身先天条件再好，如果不接受文化礼仪的熏陶，如果不按照礼法对自我进行必要的安排处置，虽美犹丑，虽善犹恶。反之亦然。

良好的天资尚且需要小心维护和滋养，何况其他?

---

"西子蒙不洁，则人皆掩鼻而过之。"

美如西施，如果遭遇不洁的外物强加，旁人也会掩鼻而过。

《离娄章句下》

## 天性再好，也需要培养

五谷在植物种子中，对人类来说是最美好的；但如果没有长熟，那么它们可能还不如杂草。

许多东西也是这样，尽管非常美好，但是有时有待成熟。

就像天性再好，也需要发育成长，壮大坚强，提升免疫力、适应力、延伸力与抗逆能力，经过培育、涵养、推广，才能最终成才。

---

"五谷者，种之美者也；苟为不熟，不如荑稗。"

五谷在植物种子中，对人类来说是最美好的，但如果没有长熟，那么它们可能还不如杂草。

《告子章句上》

## 标准更高了，修为也会更高

有的人，也许自身的道德和修为层次不够，但他们愿意努力按照更高的标准要求自己。

就相当于把更高的道德修为借来用一用，借的时间长了，用的时间久了，切实地体会到了其中的美好了，假借就可以变成拥有，实用就可以变成心性，试探就可以变成品质。

作之不止，乃成君子。

---

“久假而不归，恶知其非有也？”

借久了、用久了又不归还，你还怎么能知道他们并不具备（这样的品德）呢？

《尽心章句上》

## 修养提高了，地位也会提升

世上有上天树立的等级地位，有人为树立的等级地位。仁爱、义理、忠诚、信实、做好事从来不松劲，这些就是上天树立的等级地位标准。头衔、级别，这些是人为设置的等级地位。古人是追求自己天生的等级地位，那么人为的等级地位也就随之而来了。

如今却恰恰相反，如果你的目的只是提升级位，那么你得到了这些“人爵”以后，你反而会走向反面，变成特权乃至贪腐分子。而正确的路，应该是你先立志于“天爵”，即自身德智境界的修养提升，其他俗事只能是随之而来，不能是孜孜以求。

---

**“仁义忠信，乐善不倦，此天爵也；公卿大夫，此人爵也。古之人修其天爵，而人爵从之。”**

仁爱、义理、忠诚、信实，做好事从来不松劲，这些就是上天树立的等级地位标准。公卿、大夫、官职、头衔、级别，这些是人为设置的等级地位。古人是追求自己天生的等级地位，那么人为的等级地位也就随之而来了。

《告子章句上》

## 从历史中获得裨益

历史的经验值得注意，历史的意义必须明晰，同时必须给读者留下分析思考的空间，所以是“窃取其义”，应该解释为不动声色地有所褒贬臧否，叫作“微言大义”。

每个人都能通过古人留下的书籍获得宝贵的经验，从而对人生有所裨益，这也是本书的价值所在。

---

“其义则丘窃取之矣。”

孔子说：“我在《春秋》中，不动声色地写进了褒贬臧否的大义。”

《离娄章句下》

## 在经历中获得感悟

人们常常是有所过失，才能有所改进；心中有所困扰，思想有所焦虑，才能有所作为；表现出自己的容貌神色，说出自己的所思所想，然后才能与人有所沟通。

想要获得某种进益，就必须拥有相关的经历，在经历中获得感悟。

---

“人恒过，然后能改；困于心，衡于虑，而后作；征于色，发于声，而后喻。”

人们常常是有所过失，才能有所改进；心中有所困扰，思想有所焦虑，才能有所作为；表现出自己的容貌神色，说出自己的所思所想，然后才能与人有所沟通。

《告子章句下》

## 善于利用智慧

在英语里，“勇敢”“勇者”似乎是被全称肯定的褒语，而中文则不然。中文的“勇”字，包含了某些显然的负面元素，如冒险、使气、好勇斗狠、有勇无谋……都不是什么好词儿。

中国文化要求的是以智制勇、以勇奋智，只有智勇双全，才是人们的理想追求。好斗的匹夫之勇只能对抗一个人，而且往往会让自己受伤，善于利用智慧，才能拥有更大的格局。

---

“匹夫之勇，敌一人者也。”

低层次的好斗之勇，也就只能抵挡得住一个人。

《梁惠王章句下》

## 将认识化为实践

仅仅有美好的人性是不够的，仅仅有良心、良知、良能是不够的，关键在于你自己、在于后天、在于你走的路径。

这样一个说法既用性善论感动鼓舞了芸芸众生，又强调了文化环境与自我选择，尤其是将认识化为实践的责任与力量。

---

“山径之蹊，间介然用之而成路；为间不用，则茅塞之矣。今茅塞子之心矣。”

山上的小路，常被阻隔掩盖，由于你使用行走，它就成了路。一段时间不用不走，它就被茅草堵塞住了。你现在的问题就是心灵被茅草堵塞了啊。

《尽心章句下》

## 师傅领进门，修行靠个人

木匠、车轮师傅提供给你的是具体的器，却不能提供给你原理与方法论，更不能提供你以主观能动的才华。

从器的制造与使用的规则，提升到人的主体性、人的总结发现与利用规律为自身服务的能力，发展为想象力、逻辑推理与数学计算能力、创造性以及实验探索的习惯，直到动手操作的灵巧与细致，这就不仅是工匠能够完成的了，这需要一定的天赋，需要发展人的整体智力，需要良知、良能、灵性。

---

“梓匠轮舆能与人规矩，不能使人巧。”

木匠、车轮师傅能教给你制造与使用的规程，却不能教会你如何巧用自己的头脑。

《尽心章句下》

# 第三章　奋斗时，理性决策

## 志当存高远

一个想要干出一番事业的人，应该将什么视作自己的第一要务呢？当然是要提高自己的志向规格，树立远大的志向和追求。

一个没有志向的人，即使再努力，也只能获得一时的成功；一个志向较低的人，即使遇到好的机遇，也会因为自身的浅薄而错失良机。

所以，古人教导我们，志当存高远。

---

“士何事？”“尚志。”

“请问一个士人，应该将什么视作自己的任务呢？”孟子回答说：“要提高自己的志向规格。”

《尽心章句上》

## 保持进取的心

穷困无奈的时候，至少要把自身料理好；得志有为时，则要尽可能把更多的人照料好。

无论是处于顺境还是逆境，都要保持一颗进取的心。这种说法其实包含了一种极为积极的心态，和我们所说的明哲保身其实有着很大的差异。

---

“穷则独善其身，达则兼善天下。”

穷困无奈的时候，至少要把自身料理好；得志有为时，则要尽可能把更多的人照料好。

《尽心章句上》

## 保持前进的锐气

行了九十里你接着走，那还有一半的努力需要付出；行了九十里你不走了呢？那么你等于一步也没有走，那还不是迅速倒退吗？

这告诉我们，前进的锐气绝不能消失。

---

“于不可已而已者，无所不已。于所厚者薄，无所不薄也。其进锐者，其退速。”

一个人在本不应结束的点上结束，放弃了自己的努力，这样的人就什么事都可能放弃。对于应该厚待与重视的人，没有厚待重视而是慢待轻视，那么他对什么人、什么事都可能慢待轻视。这样的人，向前进行的时候锐气十足，遇到难点倒退下来，也会非常迅速。

《尽心章句上》

## 意志坚定，才能直奔目标

什么是大丈夫？不是以性别、年龄、身份做区分的，而是靠高贵的道德品性。有了这种品性，所作所为都会合乎正道，金钱地位也不能使自己迷惑腐化，贫苦穷困也不能让自己改变志向，权势武力也不能让自己屈服改变。

这是一段脍炙人口的话，做人就要做得像这样顶天立地，只有意志坚定的人，才能义无反顾地朝着自己的目标迈进。

---

“居天下之广居，立天下之正位，行天下之大道；得志，与民由之；不得志，独行其道。富贵不能淫，贫贱不能移，威武不能屈，此之谓大丈夫。”

以天下为自己的宏大寓所，站在天下的正义立场上，这样就要推行天下公认的根本大道。你能实现你的愿望理念，那就与人民一道前进落实；没有这样的条件，就独自坚持自己的原则理念。不论什么样的大富大贵，都不可能迷惑他的志向；无论什么样的贫穷低贱，也不能改变他的追求原则；无论什么样的威势暴力，也不可能摧毁他的意志。这才能叫大丈夫、大人物呀！

《滕文公章句下》

## 明知山有虎，偏向虎山行

生活中总有些事情让人望而生畏，但是许多人都缺乏一种“明知山有虎，偏向虎山行”的勇气，于是他们只能面对着看似难以解决的问题徒然叹息。

其实很多时候，人们并不是做不到，仅仅是不敢去尝试而已。许多本该有的成功，就这样先被自己的软弱扼杀掉了。

---

“不为也，非不能也。”

并不是做不到，仅仅是不敢去尝试而已。

《梁惠王章句上》

## 要有牺牲一切的觉悟

有格调、有追求的人，有勇气、有担当的人，可以为了他们的追求和担当舍弃生命，早就有了牺牲一切的觉悟。

没有人能随随便便成功，所以有怎样的觉悟，才能有怎样的动力。想要追求怎样的成功，就必须首先问问自己，我能为达到自己的目标付出什么、牺牲什么。

---

“志士不忘在沟壑，勇士不忘丧其元。”

有追求有格调的人士不怕暴尸沟壑，有勇气有担当的人士不怕抛却头颅。

《滕文公章句下》

## 不努力就别说努力没用

如今有一些人做事，好比是用一杯水去救一车柴火燃烧起来的大火，火没有熄灭，便说水是灭不了火的。

其实，只是因为事情太艰难，不断有其他因素干扰，又或是努力不足。

这里需要质疑的不是努力的有效性，而是质疑那些不肯努力的人为何糊涂至此。

---

**“今之为仁者，犹以一杯水救一车薪之火也；不熄，则谓之水不胜火。”**

如今有一些推行仁德的人，好比是用一杯水去救一车柴火燃烧起来的大火，火没有熄灭，便有人说水是灭不了火的。

《告子章句上》

## 找对努力的方向

“缘木求鱼”现在已经成为成语，比喻方向和方法不对头，目的也达不到。

爬到树上抓鱼，虽然肯定是抓不到鱼，倒也没有其他灾难性后果。但是，有的事情如果找错了努力的方向，越是尽心尽力，反而越容易招来祸患。努力的方向错误，往往会起到反面的结果。

---

“以若所为求若所欲，犹缘木而求鱼也。”

比较你的行为与你的目标，给人的感觉是你这是爬到树上去抓鱼呀！

《梁惠王章句上》

## 成功的途径自由多样

“劳心者治人，劳力者治于人。”坦白率真，合情合理，但今天听着不甚好听，因为它有悖于民主、平等、自由，奋斗改变命运即自己掌握自己的命运等观念。可是社会必须分工，越发展越要分工，即使分工会带来遗憾。

人们有对于公平社会的要求，不希望分工造成分裂和对抗，于是提出全面自由发展的理念。全面自由发展，就是跳出这个“或劳力，或劳心”的论断，做一个不被这些论断限制的人，选择自由多样的途径走向成功。

---

“或劳心，或劳力；劳心者治人，劳力者治于人。”

要不你就去劳累心思，做脑力劳动者；要不你就去劳累体力，做体力劳动者。脑力劳动者是要治理人民的，体力劳动者是要被治理的。

《滕文公章句上》

## 选择职业与手段、技术

一个人的性格往往受到后天的影响，行业分工和工作环境就是其中重要的因素。尽管现代社会的灵活性给了我们更多改行的自由，但我们的身上总会带有一些以往职业留下的印记，有时甚至会影响我们一生。

而选择职业如果以降低道德标准为代价，应该是最可怕的事情了。正因为如此，人对自己的选择应该慎重负责，要有意识地培养自己的不忍之心，避免自己有意识地乃至无意识地去伤害他人动机的萌生。

总之一句话，选择职业不可以不慎重，古往今来都是如此。

---

"术不可不慎也。"

对于去把握什么手段技术，不能不慎重地予以考虑。

《公孙丑章句上》

## 走正道更容易成功

光明大道或是宽阔坦途，做起来一顺百顺，是极明白的道理。只是因为环境中的邪恶因素，人们才远离了它们。

你想那么做，就去做好了，必胜必成，万无一失。所有不走正道的人都是没有道理的，他们做不到，不是因为做不到，而是因为根本没有去做。

---

“夫道若大路然，岂难知哉？人病不求耳。”

正道好比大路，有什么难以把握的呢？很多人的毛病只在于不去追求它。

《告子章句下》

## 努力和方法相结合

要把箭射到百步以外，射得到，是由于你有力度；射得中，就不仅要靠力度，还要靠准头。

力度，就好比是努力，没有踏踏实实的努力，射出去的箭在半途就会跌落；准头，就好比是方法，找不到切实可行的方法，箭飞得再远，也射不中靶心。

真正成功的人，懂得把努力和方法结合起来，箭箭射中靶心。

---

**“由射于百步之外也，其至，尔力也；其中，非尔力也。”**

就像是射箭射到百步以外，射得到，是由于你有力度；射得中，就不仅是靠力度了。

《万章章句下》

## 分清小目标与大目标

对于入仕，增加收入，脱贫，是一个低级与微小的目标。但这也是目标的一个低级与微小的组成部分，不是主要部分，更不是全部。但仍是允许存在的细小部分，是低目标不是高目标，更不是最终追求。

这里讲得合情合理，不温不火，把大与小、高与低、主与次、公与私的位置摆得恰当。这正如鲁迅喜欢引用的说法：鹰有时候低飞如鸡，而鸡无可能高飞如鹰。

---

“仕非为贫也，而有时乎为贫。”

做官并不仅仅是为了改变贫穷，但有时候为了改变贫穷状态而做官（也是可以理解的）。

《万章章句下》

## 找到共性，举一反三

事物虽然千变万化，但总有其相似性，同类的事物更是如此。

在解决问题时，倘若我们能认识到它们的共性，就能够举一反三、迎刃而解；如若不然，则难免被迷惑、受劳累、事倍功半。

---

“故凡同类者，举相似也。”

同类事物虽然会有种种差异，但从总体上看其实是相近似的。

《告子章句上》

## 解决好当务之急

有智慧的人，追求无所不知，但是与当前任务有关的知识更为急迫。这是承认仁义礼智的普适性、广被性、绝对性，也重视各种天经地义的伦理的具体性、相对性，大小、轻重、缓急、纲目的差别性。

什么事都离不开时间、地点、条件，更离不开事主的身份、处境、特点。离开这些，泛论大小、轻重、缓急，往往不合情理。

---

“知者无不知也，当务之为急。”

有智慧的人，追求无所不知，但是与当前任务有关的知识更为急迫。

《尽心章句上》

## 过程的复杂换来结果的简单

当今社会，学习、论证、发明、创造、教授的任务越来越繁重复杂，然而新的文化成果的特点应该是它的简明化、容易化、方便化、实用化。

网络的设计与改进需要不知多少博学与详说，网络使用起来却使原来的许多复杂的任务——查证、搜寻、计算、复制、修正、补充等空前便捷化了。

最复杂艰巨的过程，其目标却是达到某种空前简洁容易的结果。不仅在科学上如此，人的修为也是一样的道理。在参政议政、求得重用上，更是如此。

---

"博学而详说之，将以反说约也。"

广泛地求知积累，详尽地讨论解说，是为了兹后能够简约地予以说明。

《离娄章句下》

## 别把简单的事搞复杂了

舍近求远、舍易就难，自己把自己绕进去，这是人的毛病，是性恶的某种表现。这里指的主要是在社会发展过程中人们易有的毛病：贪欲、竞争、攀比、妒忌、诡诈、作伪、投机、侥幸，等等。

道在近处，为什么你不知珍惜？因为你是人，人常常急躁贪婪、不肯适可而止。事“易成”，而你把它搞得复杂困难，因为你不相信“易”而相信“难”，不尊重科学，不尊重常识，要自我膨胀、高大上、一步登天，与客观规律顶牛较劲。

---

“道在迩而求诸远，事在易而求诸难。”

大道就在你的身旁，你偏偏舍近求远；事功本来很容易成就，你偏偏舍易就难。

《离娄章句上》

## 利用一切有利因素

这里的“道”，可以理解成正义、道理，到了今天，我们也可以看作是途径、方法。

师出有名、堂堂正正，自然能得到更多道义上的支持。掌握捷径，找到方法，也可以获得事半功倍的效果。

总而言之，想要更顺利地做好一件事，就要尽可能利用一切有利的因素，让自己变得“多助”，让自己成为“得道者”。

---

“得道者多助，失道者寡助。”

能够符合大道的，将得到多方的拥护与援助；背离了仁义大道，则少有助力支持。

《公孙丑章句下》

## 学会利用和创造环境

成语“一傅众咻”，说的是学习语言，如果只有一个人教他齐国话，周围的人都说楚国话，那么只能起到反效果。这里说的是环境条件与个人愿望的关系。

在某种环境下，特定的主张信念、主观努力能够成气候、见效果、改变世界，但在另外的情况和环境下，主观努力碰到强大环境中的习惯势力，只能是甘拜下风、随风飘散。我们要重视这样的环境因素，学会利用环境，更要学会创造好的环境。

---

“一齐人傅之，众楚人咻之，虽日挞而求其齐也，不可得矣。”

请了一个齐国人来教授他（学习齐国话），但周围都是楚国人，他们都用楚国话来聒噪。你就是每天鞭打强迫他讲齐国话，也是难以办到的。

《滕文公章句下》

## 集中精力，坚持长久

“一曝十寒”今天已经成为成语，也是对人的惰性、松懈、苟且的极生动写照。即使是最好长的草木，如果晒一天冻十天，它也成长不起来。同理，三天打鱼两天晒网，也不会有什么好的结果。

人们解释天才各有不同，如天才即勤奋，如天才是几分汗水……但我更愿意强调，天才是集中精力并能够坚持长久的能力。

---

“虽有天下易生之物也，一日暴之，十日寒之，未有能生者也。”

即使是最好长的草木，如果晒一天冻十天，它也成长不起来。

《告子章句上》

## 普惠万物，充盈向前

太阳和月亮的光辉不放过任何一个能够容纳光线的小缝隙，流水不放过任何一个可以填充的坑坑洼洼。

那么，我们做学问，有志于道呢？也同样应该不马虎，不敷衍，循序渐进，厚积薄发，一步一个脚印地踏实向前。

---

“日月有明，容光必照焉。流水之为物也，不盈科不行；君子之志于道也，不成章不达。”

日月光辉，普照每个角落。流水这个物性，不灌满洼坑就不再向前流动；君子的志向是推行大道，它形成不了一定的规模与体系，也就达不到推行大道的目的。

《尽心章句上》

## 善始更要善终

许多事情结束比开始更困难，也更重要。

万事开头难，这是有道理的。开始时全无把握，怀疑者比赞成者多，例如一种发明、一项创造、一个新主张都会有这样的遭遇。

但善终更难，特别是善始以后，事业开拓，规模扩大，影响膨胀，善始时的规划在变成现实的时候也常常会走了形，变了样。理想变成了现实以后就不再是理想的清纯与美丽，这时候怎样为继，怎样真挖出水并且让泉水汩汩不绝，比仅仅挖出一个泉眼，挖出一口深井困难多了，也重要多了。

---

“有为者辟若掘井，掘井九轫而不及泉，犹为弃井也。”

做一件事正像凿井，哪怕挖了六七丈深，只要还没有挖出水，那就等于没挖过这口井。

《尽心章句上》

# 第四章　得意时，戒骄戒躁

## 顺境更是考验

把巨额的财产加给某个人，如果他仍然谦虚谨慎，那么他的品质就比一般人强太多了。可见逆境是考验，顺境更是考验。躺着中枪是考验，天上掉下金刚钻来更是考验。

越是升官发财、VIP化、荣显赫赫、誉满全球，越是难以为继、如中魔咒。什么原因？荣显奖誉压垮、挤爆了小心眼儿。

庄子所说的虚室生白也是这个意思，你不白白亮亮的了，也就到此为止，举步维艰，差不多完蛋了。

---

"附之以韩魏之家，如其自视欿然，则过人远矣。"

把春秋末期晋国豪富韩魏两大家族的财产附加给某个人，他仍然谦虚谨慎，那么他的品质就比一般人强太多了。

《尽心章句上》

## 守护好自己的内心

“恒心”，字面的意思是恒定的心思，也指固定的道德观念。

道德观念一旦动摇甚至缺失，那就会放荡邪僻、不守法纪、胡作非为，没有什么事情干不出来。所以，要做一个遵纪守法、规规矩矩的人，第一要义就是用固定的道德观念守护好自己的内心，抵御来自外界的一切诱惑。

---

“苟无恒心，放辟邪侈，无不为已。”

如果没有恒定的心思安排，（没有一定之规）就会是邪魔外道，胡作非为，什么事都可能干出来。

《滕文公章句上》

## 拓展胸襟，升华境界

观看过大海的人，难以让他再注意观看其他的小水潭。在圣人门下学习过的人，就难以让他去倾心于其他杂说。

这是因为胸襟一旦拓展，境界一旦升华，眼界也会变高。

所以，登山就要登高山，观水就要观海水，做学问就要做于圣人之门，干什么事情都要力求臻于极致。这就是拓展胸襟、升华境界的道理。

---

“观于海者难为水，游于圣人之门者难为言。”

观看过大海的人，难以让他再注意观看其他的小水潭。在圣人门下学习过的人，就难以让他去倾心于其他杂说。

《尽心章句上》

## 减少欲望，涵养心志

涵养心志，没有比减少自己的欲望更重要的了。一个人能够减少欲望，本心善性纵然有所丧失，也不会出大问题。

中华哲学、处世学、养生学，清静无为为先。一种减法的哲理，要做什么，先考虑不要做什么；要得到什么，先考虑得不到或不应得到什么。这种思路的好处是精简爽利、平静均衡，坏处是进取心、想象力、冒险精神都嫌不足。

养心的说法富有中华特点，关键在于自我感受、心理状态、精神平衡，乃至精神胜利。

---

"养心莫善于寡欲。"

涵养心志，没有比减少自己的欲望更重要的了。

《尽心章句下》

## 顺势而为，乘势而上

即使你有智慧，也不如赶上一个好时机。当然，能够发现时机并及时把握它，也是一种极高的智慧。只不过在别人眼里，也许你只是运气好罢了。

人既要顺势，又要明势，要学会从偶然中发现新的必然，并且要能够推动新的必然。在风口的猪也能飞到天上，可是风停之后它最终难免重重落地。人则不同，顺势而为，乘势而上，往往能取得一个又一个的成功。

---

“虽有智慧，不如乘势。”

即使你有智慧，也不如赶上一个好时机。

《公孙丑章句上》

## 承受赞美和苛责

有时我们会得到未曾料到的赞美声誉，有时我们会碰到求全苛责的毁谤攻击。面对这些，要保持自己的人格定力，不要太在意别人说你什么，因为知人本来就不是一件易事。

尤其是被注意的社会化人士，会被毁、被誉不虞与求全半辈子、一辈子，甚至死后还被争论，几百至几千年。

所以，爱尔兰著名作家、《尤利西斯》的作者詹姆斯·乔伊斯说："对于这个世界我有三个办法：沉默、逃遁与耍小花招。"

---

"有不虞之誉，有求全之毁。"

有时我们会得到未曾料到的赞美声誉，有时我们会碰到求全苛责的毁谤攻击。

《离娄章句上》

## 绝不骄傲和自满

懂得恭敬的人不会侮辱旁人，懂得节俭（克己）的人不会侵犯旁人。这里的“俭”应该不仅是指物质上的不奢华靡费，而且是讲精神上的谦卑克己、处事上的慎重行事、做人上的内敛含蓄。

据辞书上的解释，俭的含义是节约、歉收、不富足、谦虚等。

总之，俭就是反对骄傲、破除自满。

---

“恭者不侮人，俭者不夺人。”

懂得恭敬的人不会侮辱别人，懂得节俭（克己）的人不会侵犯别人。

《离娄章句上》

## 无敌不等于事功

仁获得拥戴，暴获得畏惧，靠制造畏惧维持统治或许容易成功，但更容易败坏于一旦。

但是，我们又无法不承认暴力的力量，一股强暴的乃至野蛮的势力，征服了、占领了乃至消灭了温和柔顺的势力，古今中外，例证汗牛充栋。

仁者无敌，并不是从事功上说的。仁者无敌，不等于仁者成功。无敌，是指仁者才能得到民心拥戴。

---

"仁者无敌。"

推行仁义的人没有敌手。

《梁惠王章句上》

## 狂妄的根源是无知

只有符合自然发展规律的才能长久生存，否则就难免灭亡。没有谁能够罔顾规律，和老天作对还取得成功。

既然要顺应规律，就必须先学习规律、掌握规律，狂妄者之所以会失败，就在于它的根源是无知。

---

"顺天者存，逆天者亡。"

符合自然规律的才能长久生存，违背自然规律的就难免灭亡。

《离娄章句上》

## 要有更高的追求

现在社会上也有所谓混吃混喝一说。吃喝无虞了，至少是足以温饱了，人就应该有更高大上的追求，不能一直停留在混吃混喝的水平。

如果尚未温饱呢？一般地说，如果不是准备就义，那就可以将解决温饱视为当务之急。

在满足了最基本的生存需求后，人应当有更高的追求。这是警示，也是鼓舞。

---

“我不意子学古之道而以啜也。”

我没想到（不愿意看到）你学习古远的大道竟然是为了吃喝。

《离娄章句上》

## 找回丢失的自己

人生的任务，首先是把良心、良知、良能找回来，就是把丢失了的自己找回来。

喜爱自然，歌颂天生，这是中国传统文化的特点，其实天的伟大美好，更应该体现为人的善良本性。

不要丢弃、失落自己身上有过的美好的一切：爱心、天真、幻想、记忆、好奇心、趣味心、敬畏心……这也可以说是诗歌、小说、戏剧作品的永恒主题。无论如何，这很动人。

---

"学问之道无他，求其放心而已矣。"

学问的道理并没有其他，不过是把自己丢失了的良心找回来就对了。

《告子章句上》

## 自己并不完美，何必嘲笑他人

保持谦虚与自省的精神状态，不要因为小有成绩、小有优胜便忘乎所以。一个人在日常生活、事业长进与学识提高中，不可能毫无进展，但多数进展是大致一般化的进展，还有运气等偶然因素，不可自吹自擂。

考试成绩占先，赛球多进了一两分，评上了一次先进，比你的同事们早一年提升了职务……这些大多属于五十步的性质，与你所笑的百步相差有限，再过两年说不定你全部落在后面，能这样思考问题的人才不显得浮躁浅薄。

---

“以五十步笑百步，则何如？”

“不可，直不百步耳，是亦走也。”

“（战场上逃跑）如果一个人因为自己只跑了五十步便去嘲笑跑了一百步的人，你觉得合适吗？”

“那不行，跑了五十步也是逃跑嘛。”

《梁惠王章句上》

## 学会权衡掂量

为人处世，没有调查就没有发言权。凡事也只有在亲身经历后才能有更深的体会。然而，凭借自己的主观臆想来断定某人某事如何如何，却是人们经常犯的错误，所以人们容易盲目相信自我。

一个眼界开阔的人，往往会对自己的主观判断抱有警惕，他更重视实际调查和自我反省。因为只有经常衡量，才能认识自己、改善自己，进而更清楚地认识世界。

---

"权，然后知轻重；度，然后知长短。物皆然，心为甚。"

称一称，就知道轻重如何了；量一量，就知道长短如何了。物品是这样的，心思更要这样掂量一下才好。

《梁惠王章句上》

## 不知道就说不知道

在某些具体的问题上，如果我们不太清楚，不如干脆回答“是谋非吾所能及也”。简单来讲，这句话的意思就是：我也不知道怎么办。

知之为知之，不知为不知，是知也。

常常看到一些“名嘴”，问什么都对答如流，真替他或她着急，你哪怕回答一次“是谋非吾所能及也”，也显得诚实可靠了许多，减少了误人子弟的可能。

---

“是谋非吾所能及也。”

这样的主意不是我能想得出来的。

《梁惠王章句下》

## 贪欲无止境，保持知足心

如果事事都把利益放在前面，把道义、大道理放在后面，那么不把一切利益都争夺到手，恐怕人们的贪欲是不能满足的。

在充满物欲诱惑的现代社会，我们的确太需要常常保持一份知足之心。如果放任欲望勃发，无节制地摄取和占有，我们的生命也将会被无休止地吞噬。

---

“苟为后义而先利，不夺不餍。”

如果事事都把利益放在前面，把道义、大道理放在后面，那么不把一切利益都争夺到手，恐怕人们的贪欲是不能满足的。

《梁惠王章句上》

## 接受恰如其分的名望

名声超过了实际，是品德高尚的人引以为耻的。

我们早就讲过反对巧言令色，反对名不副实，也反对欺世盗名，反对大言不惭、声闻过情。然而就是有人不懂虚名的可恶、可悲、可惧，追求虚荣，以至于误入邪道！历史上有多少暴得大名者，转眼化为乌有！

只有实实在在的才干带来的恰如其分的名望，才能让我们心安理得地接受。

---

“声闻过情，君子耻之。”

名声超过了实际，是品德高尚的人引以为耻的。

《离娄章句下》

## 重视心智的需求

心的官能是思索判断，这样的能力是上天赐给我们的。

多媒体等的发达使一些糊涂人做出文学式微、小说灭亡的预言，就是说以为用不会思索的“耳目之官”的“视听”可以代替用“心之官”去“思”与“得”的“阅读”。

重视心智的需求、精神的需求、道德境界的提升，而不是感官的需求、感官的反应。这在今天，在一个有可能走向拜金主义与物欲横流的时代发展的节点上，有其特别重要的意义。

---

“心之官则思，思则得之，不思则不得也。”

心的官能是思索判断，思索就能有所鉴别，从而获得判断；不思索，就不能有所鉴别与获得判断。

《告子章句上》

## 不能只满足于感官的趣味

在一个新媒体、多媒体迅猛发展的时代，有人以为视听音像作品将会淘汰阅读书刊。这恰恰暴露了一个问题，以感官的刺激与享受排挤乃至取代头脑与心灵的追求与进展。

这是令人忧虑的现实挑战，也是市场化、大众化的文化生活带来的某种负面影响，它还是市场化文化商家们虽有一定进展但终归不可能实现的浅薄法门。

人应该养护自己的头脑心灵，注重自己的精神追求，发展自己的思维与感受想象的精神能力，而不能只满足于感官的趣味。

---

“耳目之官不思，而蔽于物。”

耳朵和眼睛不会思索，容易为外物所蒙蔽。

《告子章句上》

## 不安于享乐，也不幸灾乐祸

安于享乐而不知道自己可能会迎来危亡处境，正是许多人逐渐走向灭亡的缘由。

或有专家解释“安危利菑”为幸灾乐祸，即乐他人之危祸，因为我们也可以经常看到这样的不仁之人，本地有危殆，集体有灾祸，他却只知道发国难财、天灾财，花天酒地，不顾他人死活与集体利益。这样的人，也是在自取灭亡。

---

“安其危而利其菑，乐其所以亡者。”

安于享受而不知道自己可能会迎来的危亡处境，正是许多人逐渐走向灭亡的缘由。

《离娄章句上》

## 只追求物质财富必生祸端

一个人如果不把品德、学识、能力当作宝物，却把珍贵的珠宝财货当作宝物，那就一定会祸及自身。如果一个人所有的追求都是为了物质财富，那么他会干出怎样的事情，就难以想象了。

这似乎是常识线下、不言自明的事。问题在于，许多人物，甚至是大人物，他们的过失不是出于对高深专门学问的不通，而是在于对常识的悖谬理解。

---

**“宝珠玉者，殃必及身。”**

只把珍贵的珠宝财货当作宝物，那就一定会祸及自身。

《尽心章句下》

## 精神的贫乏更有害

我们都知道“饿了吃糠甜如蜜，饱了吃蜜也不甜”的俚语，还有饿极了将叫花子的吃食感觉成“珍珠翡翠白玉汤”的单口相声，并且多半是正面地评价饥饿带来的好胃口。这里提醒的是另一面，物质的匮乏会带来对于物质的过分饥渴与贪欲，而精神的匮乏会带来精神的饥渴、饕餮、急迫、焦虑与夸张感受。

人的口腹不应该饥不择食，伤害自己的肠胃；人的精神也不应该因为空虚、贫乏、压抑而轻易就范，不择正误、不辨真伪、不分析不判断地接受各种大言欺世、极端煽情、片面夸张、天花乱坠的胡说八道与精神毒品，伤害自己的心理素质与精神功能。

---

“岂惟口腹有饥渴之害？人心亦皆有害。”

是不是只有口腹会受到饥渴造成的折磨与贼害呢？人心也有这样的折磨、贼害之苦。

《尽心章句上》

# 第五章　失意时，坚守如一

## 逆境也是一种财富

操心危殆，忧虑深重，小心翼翼，防备万全，反而会少一些大意失荆州的疏漏。

我们要深明逆境对人的必要性与从而产生出来的优越性。

逆境激发了许多人类的能力与超能力，这里说得很坚决，告诉我们逆境也是一种财富，但思忖一下，自有其苦涩。

---

**“其操心也危，其虑患也深，故达。”**

有的人处境危难，苦苦操心，深深防范，所以特别通晓人情世故，从而走出一条路来。

《尽心章句上》

## 逆境能够激发力量

上天要赋予一个人伟大的使命，一定会先让这个人的精神遭受折磨苦难，让他的筋骨备受辛劳，让他的体肤忍受饥饿，让他的身体困乏薄弱，让他的行动动辄被挫折扰乱。这样，才能使他振奋心神，锻炼性格，在他没有能力做到的事情上有所长进和丰富。

这段话生动悲情地讲明了精英人物常常要经受苦难、匮乏、逆境的磨炼与锻造。许多伟人，都不是一帆风顺地发展起来的，他们的力量，恰恰是在逆境中被激发了出来。

---

"故天将降大任于是人也，必先苦其心志，劳其筋骨，饿其体肤，空乏其身，行拂乱其所为，所以动心忍性，曾益其所不能。"

上天要赋予一个人伟大的使命，一定会先让这个人的精神遭受折磨苦难，让他的筋骨备受辛劳，让他的体肤忍受饥饿，让他的身体困乏薄弱，让他的行动动辄被挫折扰乱。这样，才能使他振奋心神，锻炼性格，在他没有能力做到的事情上有所长进和丰富。

《告子章句下》

## 知耻而后勇

人是不可以没有羞耻心的。没有羞耻心所带来的耻辱，可谓真正的无耻了。

在传统语境里，知耻是一种美德，如礼义廉耻的耻，其实是始终自律并保持尊严。此种语义下，无耻就是不要脸面、下流、行恶的意思。

常言道，知耻而后勇，明白了自己行为的欠缺所在并勇敢地弥补它，从这样的人身上是看得到希望的。

---

“人不可以无耻。无耻之耻，无耻矣。”

人是不可以没有羞耻心的。没有羞耻心所带来的耻辱，可谓真正的无耻了。

《尽心章句上》

## 保持好精神状态

居移气，养移体，简单的解释是住房条件影响气度精神状态，吃喝影响身体发育变化与生理状态。

综合与根本性的解释是，“定位侧”影响气度，“待遇侧”影响体态。待遇一般，但自我定位高一点，也可以做到浩然弘毅、任重道远、落落大方。条件一般也可以好自安排、养生有道、舒服惬意、端庄康泰。

总而言之，我们要保持好自己的精神状态。

---

“居移气，养移体。”

居处地位会改变一个人的气度，保养的条件会改变一个人的体态。

《尽心章句上》

## 要自爱自重，别自暴自弃

自暴自弃，已经成为成语。其反义词就是自爱自重。

自爱自重的人境界自然要高，他们积极向优秀者学习，努力提高自己的精神品质，自己也变得优秀。

自暴自弃的人，则显得没有希望，若问他们为什么自暴自弃，除了社会风气的原因外，恐怕主要还是因为缺少学习教化。

---

“自暴者，不可与有言也；自弃者，不可与有为也。”

自己戕害自己的人，无法与他有所言说；自己放弃自己（的努力）的人，无法共他有所作为。

《离娄章句上》

## 用理性约束自己的情绪

保持心志的坚定，而不是逞强意气的火暴，这是对年轻人的一个忠告。

心志的坚定不是通过火暴的脾气和刚烈的性格表现出来的，而往往需要办事勤勉，说话谨慎。尽量避免情绪化的无意义争斗，才是自制力的体现。

如果说人的情绪和欲望是一匹野马，那么理性就是约束这匹野马最好的缰绳。

---

**“持其志，无暴其气。”**

保持心志的坚定，而不是逞强意气的火暴。

《公孙丑章句上》

## 不分处境，坚守如一

品德高尚的大人物，即使是穷困时，也不能丢掉义理；得志时，更不能违背正道。

穷困时，不丢掉义理，这样才能保持自身的人格以免堕落。得志时，不违背正道，人们的美好期许才不会落空。

能够不分处境地保持好自己心灵的澄净，这正是君子的美好品质。

---

“穷不失义，达不离道。”

即使是穷困时，也不能丢掉义理；得志时，更不能违背正道。

《尽心章句上》

## 安定心态，宠辱不惊

德行丰厚的人，遇到再多的挫折、再险恶的处境，也不会混乱。这强调的是自身的资源与能动性。

社会和环境总是变来变去的，遭遇挫折和不幸，与其抱怨年月世道或是运气，不如调整好自己的心态，反求诸己，宠辱不惊。

---

“周于德者，邪世不能乱。”

德行端正的人，遇到邪恶的世道，也不会混乱。

《尽心章句下》

## 心理、生理要双重强大

许多中国的士人以养气作为自我修为的重要内容。这里的“气”，高度抽象却又高度真切。抽象，是说它无形无声无色无味。真切，是说它确实存在于你的身体与精神中，确实影响着决定着你的一切，它不仅是精神的，而且人们可以感觉得到它的物质实在性。

一个人气势宏大，心气浩然，他感觉到的是无畏、足实、坚强、充沛有力，它包括心理上乃至生理上的强大；反之是畏缩空虚、匮乏疲弱，它意味着心理上乃至生理上的衰颓。这样的说法，鼓舞了许多人去坚持义理、坚守道德、坚持精神追求、坚持为人的原则。

---

“我善养吾浩然之气。”

我善于涵养我自己的浩大充沛的心气。

《公孙丑章句上》

## 不要自取灭亡

如果是天降灾祸，你也许还能顶得住；如果是自己作孽，你就无活路可以逃脱了。这已经成为人们的共识。

西谚“上帝要谁灭亡，就先让谁疯狂”，也是类似的意思。

自己不能怀有清醒的认知，钻牛角尖，一个劲儿要往死路、歪路上走，是谁也拦不住的。

---

“天作孽，犹可违；自作孽，不可活。”

如果是天降灾祸，你也许还能顶得住；如果是自己作孽，你就无活路可以逃脱了。

《公孙丑章句上》

## 少些无谓的担忧

有的事情需要自己拿主意，不能够听从他人的说法。当然，这并不意味着盲目自大，将别人的有用意见拒之门外。只是提醒我们，作为一个有原则、有理念的君子，想好了尽管去干就是了，不要多出一些无谓的担忧。

---

"不可以他求者也。"

这需要自己拿主意，不能够听从他人的说法。

《滕文公章句上》

## 是金子总会发光

如果是真正的豪杰人才，即使没有贤明的领导者，也能干一番事业。这就是所谓的“是金子总会发光”。

这里当然没有提到客观因素的限制，不过作为一种鼓励，希望人刚健有为，依然很有意义。

当然，要善于等待，这也是箴言，不能等待的人也不是真正能有作为的人。这是探求真理的另一种角度。

---

“若夫豪杰之士，虽无文王犹兴。”

如果是真正的豪杰人才，即使没有文王为他做主，也要干一番事业。

《尽心章句上》

## 顺其自然

能够顺其自然做事，因地制宜，顺应形势，不较劲硬掰，就是真正的大智慧。

在今天这样一个后现代时期，在欲望、技术、竞争、信息全面突飞猛进、登峰造极的时候，讲讲万事顺其自然，不要较劲硬掰，正是时候。有许多自以为是的人，正是败在了这一点上。

---

“如智者亦行其所无事，则智亦大矣。”

如果所有心智发达的人都能够顺其自然地做事，不较劲硬掰，那就是真正的大智慧了。

《离娄章句下》

## 多找找自身的问题

日常生活中没少见这样的人：当领导、做学问、交友、购物、读书……遇事受挫，便怨天尤人、一腔怒火。管理不好就抱怨被管理者素质太差；学问立不住，抱怨同行不识货；孤家寡人抱怨友人不义；购物不满意抱怨商家；读书不通抱怨作者或老师……除了从来不反省自己以外，把谁都骂个狗血喷头。这样的人懦弱且无能，简直不可救药。

行为有未能达到预期目的者，都要反过来要求自身做得更加完善。每个人都不应该事事抱怨别人，而要靠自己的努力获得幸福。

---

“行有不得者，皆反求诸己。”

行为有未能达到预期目的，都要反过来要求自身做得更加完善。

《离娄章句上》

## 面对挫折与冷落

现代社会热衷于表彰各种优秀、先进，却往往忽略了培养一种对抗挫折和失败的耐挫力。每个人在人生的路上都会遇到许多失败、挫折、冷落，关键就在于我们如何应对它、消解它。处理不好，就会带来非常严重的心理问题。

培养好自己的耐挫力，被冷漠遗忘了，没有什么怨尤；碰壁陷入困境了，也绝不会消极，这是内心极度强大的表现。这样的人，淡定、从容、坚韧，最讨人喜欢，也最易于走向成功。

---

"遗佚而不怨，厄穷而不悯。"

被冷漠遗忘了，他没有什么怨尤；碰壁陷入困境了，他也不消极。

《万章章句下》

## 勇于认错，积极改错

对待过错的态度，这确实是君子与非君子，尤其是君子与小人的一大分水岭。

每个人不免会有过错，不怕别人知道自己的过错，还鼓励别人指出自己的过错，这更是以实际行动来证明自己也会有错，勇于改正的表现。“改过不吝”“无耻过作非”，都是很好的行为准则。

过错如同日食月食，人们都看得见，而且都看得清清楚楚，这是一个很生动的比喻。但只有心怀坦荡，光明磊落的人，才做得到勇于改错、积极改错。

---

“古之君子，过则改之；今之君子，过则顺之。”

古代的大人物，有什么过错就改正掉；今天的大人物，有什么过错常常将错就错。

《公孙丑章句下》

## 放低自己，只能仰面看人

有人盲目想象客观因素的作用，忽略自身潜力的开发，一味轻视自己，放纵自己，于是生活、工作的路越走越窄，立身感受越来越卑微。每当遭遇尴尬，就会怨天尤人。

虽然社会存在差异和不公，或许还有许多道德与良知的缺失。但是可曾想过，若干年前，是你自己放低了自己，从此只好仰面看人，无论事情如何，责任都在自身。

人必自侮然后人侮之，人必自尊然后人尊之。

---

“人必自侮，然后人侮之。”

一个人必定是自己先辱没了自身，然后才受到了他人的侮辱。

《离娄章句上》

## 提高改错的执行力

很多人不是不明白自己的错误，但总是迟迟改不掉，归根结底，是缺乏执行力，总想着拖延。改过和停止犯错是需要勇气和毅力的，有时候必须痛下决心。总是拖泥带水，往往会带来更多麻烦。

既然知道自己是错的，就应该果断彻底地斩断错误之根，彻底解决错误的行为。错误就是错误，这是一个是与非的判断，不存在程度上的区别。

---

“如知其非义，斯速已矣，何待来年。”

如果你承认某件事做得不对，立刻改过来就是了，何必要等到明年！

《滕文公章句下》

## 面对痼疾，下定决心用猛药

瞑眩，原指昏眩糊涂之意，意思是说生病服药后，如果人体没有明显反应，则疾病难以被治愈。

其实，不只治病是如此，当我们面对棘手的问题时，如果想要迅速彻底地解决，就必须下定决心用一剂猛药，较少地考虑它所带来的阵痛。因为担心药物的副作用而拒绝服药，任由病症恶化，恐怕不是什么明智之举吧？

---

“若药弗瞑眩，厥疾不瘳。”

如果吃了药没有能够头晕目眩，（不用点猛药）痼疾是痊愈不了的。

《滕文公章句上》

# 第六章　管理者要有大格局

## 注重人才、规矩、管理

不信用仁德与贤能的人，这样的国家是空虚的；不讲究礼义，上下关系是混乱的；没有行政管理，财政使用上就会经费不足。

这里讲的是，人才是最主要的资源，所以不信用仁德与贤能的人，就会空虚匮乏，没有实力。不讲礼法与原则，就会无引领无规矩，混乱无序。没有有效的行政管理，就必然会捉襟见肘、出现财政危机。

有关治国的道理，其实也可以运用到工作事务的管理上。

---

"不信仁贤，则国空虚；无礼义，则上下乱；无政事，则财用不足。"

不信用仁德与贤能的人，这样的国家是空虚的；不讲究礼义，上下关系是混乱的；没有行政管理，就会经费不足。

《尽心章句下》

## 出于仁心，遵循义理

居于仁，就是说作为管理者，出发点、立足点、归宿点都在于关爱团体及团体中的每一分子；行于义，就是说做任何事、推行任何主张，都要按照义理处置，不可滥用权力，不可以权谋私，不可贪赃枉法。

这几句话算得上言简意赅，一个合格的管理者，必须时时刻刻以这样的标准要求自己。

---

"居仁由义，大人之事备矣。"

立足于仁德，行走于义理，一个大人物应该做的事，你就已经做齐全了。

《尽心章句上》

## 要有强大的精神感染力

圣人，是注意端正自己从而使外界端端走向正道的人。

也就是说，他们身上总有一种强大的感染力，是精神领袖、道德标杆、所有人的表率。

贤能的人总是有路可走、有事可做、有作用可发挥的，当然层次不一样。

---

“有大人者，正己而物正者也。”

圣人，那是注意端正自己从而使外界端端走向正道的人。

《尽心章句上》

## 贵在人和

说天时不如地利，地利不如人和，这是正确的。因为人和最切近，地利次之，天时又次之。

什么是人和？就是人的积极性的充分调动、创造性的充分激发、个性的全面发展。也可以说是人类智慧、信仰、理念、价值、文化、科技、集团力量的积累、活性的总和。

---

“天时不如地利，地利不如人和。”

天时往往不如地利重要，地利不如人和重要。

《公孙丑章句下》

## 善用权势

上下级的关系，固然应当在日常生活中有所体现，但不应该完全建立在权势高压、权力管制、权力崇拜与权力恐惧上。

从肤浅、庸俗的观点看，权势就是一切，但稍微放长远一点人们就应该明白，得道多助、失道寡助；以德服人、心悦诚服；以势压人、后患大焉。

谁能既目光远大，又脚踏实地；既道德理想，又审时度势、巧于周旋；使理想与现实接轨，使能力与权力互动？不容易，但又不能使二者绝对对立起来，使分裂变成灾难。

---

“乐其道而忘人之势。”

（君王）喜爱的是治国正道，会因此而忘记自己的权势地位。

《尽心章句上》

## 上下级要互相尊重

上级如果将下级看成自己的手足，关系亲密、出自一体、如同兄弟，那么下级就会将上级看作自己的主心骨和灵魂；上级如果将下级看作工具，下级就会没有感情也没有努力的决心；上级如果将下级看作土芥，那么下级就会将上级视若仇敌。

与一般的上下级关系说法的单向与高度倾斜不同，它讲的是上下级关系的双向性、互动性、平衡性。你怎样对待别人，别人就会加倍地怎样对待你。

---

“君之视臣如手足，则臣视君如腹心；君之视臣如犬马，则臣视君如国人；君之视臣如土芥，则臣视君如寇仇。”

君王如果将臣子看成自己的手足，那么臣子就会将君王看作自己的腹心；君王如果将臣子看作犬马，臣子就会将君王看作一个一般的本国人；如果君王将臣子看作土芥，那么臣子就会将君王视若仇敌。

《离娄章句下》

## 对个体好，团体会更好

如果管理者能够本着使被管理者得到利益和幸福的原则去安排和任用他们，虽然他们会感觉劳苦，但绝对不会抱怨。

所以善于管理的人不仅应当明白，为了使团体的目标得以实现，个体必须付出辛勤劳顿的代价，还应当学会充分调动起每个人的积极性，让大家都没有怨言，更加高效地工作。

---

“以佚道使民，虽劳不怨。”

本着使人民得到安逸幸福的原则去使役他们，虽然他们会感觉劳苦，但不会抱怨。

《尽心章句上》

## 关键事务要群策群力

一个有上万住户的地区，只有一个人做陶器，可以吗？答案显然是否定的。这种常见的日用品是每家每户都不可缺少的，可以说是极为重要的资源，只靠一个人绝对做不过来。

类比在资源统筹和事务安排上，最基础却又最关键的部分，一定不能只系于一人之身，否则难免会出现人力物力不足的情况，有时遇到突发情况，更是会出大麻烦。

---

"万室之国，一人陶，则可乎？"

"不可，器不足用也。"

"一个有上万住户的地区，只有一个人做陶器，可以吗？"

"不可以，这样的话器具会不够用。"

《告子章句下》

## 解决事情并无定法

不同的人做同一件事，也许会有不同种方法，何必要求他们统一做法呢？很多事的解决并无定法，不必强求同一，有时更需要灵活应对，这才是对的。

但是作为一个品德高尚的人，总要有自己明确的判断标准，知道什么是可以做的，什么是不可以做的。

---

"君子亦仁而已矣，何必同？"

君子要的是原则上的仁德就行了，何必非要做法相同呢？

《告子章句下》

## 小事看态度，大事看能力

由于某个人在小事情上的表现出色，就相信他在大事情上也一定会表现出色，那恐怕是未必靠得住的吧？

我们在学会见微知著、自诩拥有洞见力的同时，也要意识到有时小事和大事是不同的。小事上更能显现出一个人的态度，大事则更能考验出一个人的能力。

---

“以其小者信其大者，奚可哉？”

由于某个人在小事情上的出色表现，就相信他在大事情上也一定会有出色表现，那恐怕是未必靠得住的吧？

《尽心章句上》

## 把握言辞的分寸

教导的言语一般都义正词严，可是如果你的义正词严没有能够收效推行，随之你就会发怒。你一发怒，就会伤害到别人。

这说明正义都带有一定的理想性，越是亲近的人，越容易因为过激的言辞妨害亲密的关系。以至于即使是父母都难以以正义来严格教育自己的孩子。

许多时候对他人提出意见时，把握言辞的分寸是很有必要的。

---

"教者必以正；以正不行，继之以怒。继之以怒，则反夷矣。"

教导的言语一般都义正词严，可是如果你的义正词严没有能够有效推行，随之你就会发怒。你一发怒，就会伤害到别人。

《离娄章句上》

## 明辨纷繁的言语

偏颇的言语，要知道它们糊涂盲目在哪里；虚夸的言语，要知道它们失控迷乱在哪里；邪谬的言语，要知道它们荒唐离谱在哪里；吞吞吐吐的言语，要知道它们捉襟见肘、勉强为难在哪里。

总之，要学会辨别荒谬之言、迷误之言、危害之言、可恶之言，但同时也应该从大千世界各色人等的滔滔言语中汲取智慧，受到启发。只有这样，才能称得上是有辨别力。

---

“诐辞知其所蔽，淫辞知其所陷，邪辞知其所离，遁辞知其所穷。”

偏颇的言语，要知道它们糊涂盲目在哪里；虚夸的言语，要知道它们失控迷乱在哪里；邪谬的言语，要知道它们荒唐离谱在哪里；吞吞吐吐的言语，要知道它们捉襟见肘、勉强为难在哪里。

《公孙丑章句上》

## 不要推卸责任

生活中不乏这样的人，一旦有什么事情不能按照预期完成，不首先从自己身上找原因，反而归咎于无法改变的客观因素，这是一种推卸责任的表现。

固然，客观因素有时会大大限制我们的行动，但主观因素却是我们可以控制的，一味地推卸责任并不能为我们带来成功，反而会让我们失去周围人的支持。

---

**“王无罪岁，斯天下之民至焉。”**

如果君王从来不将灾荒的责任推到年成上，老百姓自然归附而来喽。

《梁惠王章句上》

## 不要逃避问责

“顾左右而言他”，已成为众所周知的成语，写出了绝妙的含糊回避的状态。中华思路的特点是由小及大，由身及家及国及天下，由私德私情及公德公务。

不认真对待朋友的嘱托的人，不配继续作为朋友；没有能力与责任感的官员，也应该问责罢官；那么君王没管好国家，又该怎么办呢？君王答不上来，只好谈别的话题。

早在两千余年前就出现了这样的问责问题，而且是第一把手，即处在权力顶峰的人的责任与处置包括惩罚问题。这太惊人了。

---

“王顾左右而言他。”

齐王左顾右盼，谈起其他话题来了。

《梁惠王章句下》

## 以德服人，也要有力量

让别人服从有两种办法，一种是借助品德，另一种是依靠力量。

依靠力量压服别人，只能获得表面的服从，被压服者只是因为力量不足才没能反抗；只有真心诚意地依靠品德去感召别人，别人才可能心服口服。

不过需要注意的是，用品德感染别人，往往是以超过别人的力量作为基础的，诸葛亮七擒孟获就是一个例子。由此看来，以德服人还得与以力服人结合起来，只不过“力”应当是手段，而不是目的。

---

“以德服人者，中心悦而诚服也。”

靠德行收服，被收服者是出自内心、高高兴兴、诚心诚意地服膺于你。

《公孙丑章句上》

## 让自己成为表率

“枉己正人”，现在也成了一个成语，意思是说一个人自己就歪歪扭扭、满身毛病，却希望能使旁人端端正正，显然是不可能的。

然而可笑的是，生活中不乏这样“宽以待己，严以律人”的人。自己不够渊博就去教育别人，自己都没做好反而指责别人。

不承认自己的问题，把一切都归咎于别人，这是走向失败的根源。希望别人做好，自己首先要成为表率。

---

“吾未闻枉己而正人者也。”

我没有听说过谁能够自己歪歪扭扭，却能使旁人端正的。

《万章章句上》

## 出自你这儿的一切，都会回报到你的头上

“出尔反尔”这个成语，就是出自孟子引用的曾子的话，但现今人们对于“出尔反尔”的理解完全与原义失联。现在说的“出尔反尔”是说一个人说话不算数。

曾子在这里是说，万事万物都有自己的互动双向，你想要求别人对你做的，你要先期为他人做到。这是个很管用，也很大气的道理。

---

“出乎尔者，反乎尔者也。”

一种态度从你这儿怎么出去的，也就会怎样反转回来。

《梁惠王章句下》

## 用实际行动证明自己

有些事不是一般人所能理解的，就像真理往往掌握在少数人的手中一样，有许多伟大的言论与成就，在最开始诞生时，总要承受许多非议。

相信自己，并且努力坚持，用实际行动昭示自己的正确，这大概是最不容易，却又最富成就感的事情了吧。

---

“君子之所为，众人固不识也。”

君子的行为，本来就不是一般人所能理解的。

《告子章句下》

## 掌握诀窍并灵活运用

“定于一”的说法与其说是指政治上的统一，不如说是一个哲学的命题与命名。

万物都有其一，一通百通，一顺百顺。对于天下来说，得其“一”就是得到贤明的领导者。

对于我们为人处世来说，可解释为得到那个核心真理、箴言、关键字词。只要掌握了诀窍并灵活运用，一切自然会顺风顺水，有时候就是这么简单。

---

“天下恶乎定？”“定于一。”

“天下怎么样才能安定下来呢？”“安定于规整统一。”

《梁惠王章句上》

## 明白推动明白，糊涂不行

贤明的人能够以自身的光明清晰去启迪、引领他人的光明清晰。如今某些人，则是自己昏头涨脑，却要教导他人去明白事理。

问题是越是蠢人越要别人听从自己，越是无知无能，越爱卖弄标榜自己的才学智能。而且昏昏者一旦用权，就要大量起用同样的或更昏的昏昏者。

还有那种虽然不无昭昭，却专业化地尚阴谋的度量狭小、秉性多疑的人士，宁愿多用昏昏的傻子，也绝对排斥可能比自己高明的昭昭者。

---

"贤者以其昭昭使人昭昭，今以其昏昏使人昭昭。"

贤明的人能够以自身的光明清晰去启迪引领他人的光明清晰。如今某些人，则是自己昏头涨脑，却要教导他人去明白事理。

《尽心章句下》

## 不对陌生的领域指手画脚

专业的工作要交给内行来做，有时根本不允许外行指手画脚。但偏偏有些没有自知之明的半吊子，要去教玉石工匠雕玉，班门弄斧。不对陌生的领域指手画脚，是一种修养，更是一种智慧。

客观来讲，内行与外行、专家与非专家其实各有特长。内行长于行业之内，却并不长于行业之外的有关种种或无关种种。专家长于专业领域之内之精微，却未必长于分析该领域对于全局的长期影响。只有拥有自知之明，时刻保持谦虚耐心，才能实现二者的互补。

---

"今有璞玉于此，虽万镒，必使玉人雕琢之。"

如果您这里有璞玉，即使玉本身已经弥足珍贵了，您总还是要请专门的玉匠师傅予以加工雕琢，使之达到完美。

《梁惠王章句下》

## 警惕假大空的言论

不实之言，假大空言，只能骗人骗己，害人害己，这一点毋庸置疑。它的出现是由于“上有好之者”，搞了假大空的人能够从“好之者”那边收获实利。后果必然是以假求假、以大哄大、尔虞我诈、自欺欺人，最后是自取灭亡，万劫不复。

更有趣的说法是，这种事要由嫉贤妒能的人负责。因为假大空与嫉贤妒能是一个坏蛋的两面。咋咋呼呼、假话逢迎、大言欺世的坏蛋，怎么可能不视贤能为眼中钉、肉中刺呢？怎么能不对贤能必欲除之而后快呢？或者说，除了害贤人告黑状以外，他们还能做什么呢？

这样的人，到今天也是比比皆是，我们要抱以充足的警惕。

---

“言无实不祥。不祥之实，蔽贤者当之。”

不符合实际的空话，是不吉利的。这种不吉利的后果，应该由陷害、遮蔽贤能人士的佞人承受。

《离娄章句下》

## 不坦荡，就得不到信任

亮就是谅，就是坦坦荡荡，还可以解释为理解。人与人之间需要有相互的理解信任。

精英与领导没有了公信力，得不到信任，又不理解大众的要求、愿望、痛痒、疾苦，恐怕就要下台。

可见一个人处世的核心在于坦荡、前提在于坦荡，没有了坦荡的态度，没有了信任与理解，其他一切都谈不到。

---

“君子不亮，恶乎执？”

如果君子做不到坦坦荡荡，还有什么需要坚持把握的呢？

《告子章句下》

## 要有独立自主的观察

当你身边的许多人都在讲同一个人的坏话，大概你也很难保持对他的好感，甚至会因此而放弃观察，直接对其敬而远之。这样虽然省事儿，有时却难免导致错误。正确的方法应该是在听取别人意见的同时，也不忘进行自我的观察。

要保证决策的客观正确，听取别人的建议很重要，进行独立自主的观察同样重要。人事工作如此，为人处世更是如此。

---

“国人皆曰不可，然后察之；见不可焉，然后去之。”

全国百姓都说他不行，然后还要考察，确认他是真的不行了，再舍弃掉。

《梁惠王章句下》

## 人心有差异性

人心的共同趋向是什么呢？一个是道理，一个是原则。但是人心也有不同的一面，那就是利益与欲望。

天下诸物事，彼此有相同、相近的一面，也有相异、相悖、相斥的一面，不足为奇，叫作有个别性、特异性、差别性，同时有共同性、统一性、普适性。反映这方面的认知的说法也是非常多的。

---

"心之所同然者何也？谓理也，义也。"

人心的共同趋向是什么呢？一个是道理，一个是原则。

《告子章句上》

## 通过眼睛透视心灵

观察一个人要善于看他的眼睛，眼睛里的光芒无法掩饰一个人的不良居心。这句话有点人学、侦查心理学的内涵。东张西望、鬼鬼祟祟、目光不定的人，往往不大正派，很多人应该都有这样的感觉，这就是一个最好的印证。

现在的美容可以修饰眼眶、眼角、眼皮、眼睫毛，甚至还有美瞳，但一个人的眼神是无论如何也不能通过外物修饰的。有洞见力的人，往往可以见微知著。

---

"存乎人者，莫良于眸子。眸子不能掩其恶。"

看一个人最好是看他的眼睛，眼睛是掩盖不住一个人的不良居心的。

《离娄章句上》

## 要有自己的判断

上边希望怎么样，下边一定会更多地跟着走。在上者自能决定风向、风力，在下者则只会跟随摇摆，等于说前者才是主动的，后者只能是被动随从听喝的。

细咂起滋味来，还有点凄然。我们中的多数不过是墙头草、随风倒，被君子精英们的强势大风吹着跑。在这种时候，能够有自己清醒的认识和判断力，就非常了不起了。

---

“上有好者，下必有甚焉者矣。君子之德，风也；小人之德，草也。草尚之风，必偃。”

上边希望怎么样，下边一定会更多地跟着走。君子的功德作用像风，小人的功德作用像草。风怎么吹，草怎么顺着风向倾倒。

《滕文公章句上》

## 小聪明会害死自己

有的人有点小才能，但是从来没有得知大道，那点小聪明正好可以害死他自己。

中华古圣贤认为一个人不懂得大道，尤其是不讲道德礼义，那就宁可愚痴一点，也比小聪明、小才能好。宁可大智若愚，不可小才若智。

小聪明、小才能，如果有所显露，就会造成某种能人的印象，被委以重任、耍弄小才、耽误大事，还会引起注意、招惹是非、遭人嫉恨、涉嫌野心……足以害人害己。

---

“其为人也小有才，未闻君子之大道也，则足以杀其躯而已矣。”

有的人有点小才能，但是从来没有得知大道，那点小聪明正好可以害死他自己。

《尽心章句下》

# 第七章　社交要有自己的态度

## 爱人者会获得他人的爱

仁人懂得爱惜他人，讲礼法的人懂得尊敬他人。爱惜旁人的人，旁人也就总会爱惜他；尊敬旁人的人，旁人也就总会尊敬他。总而言之，别人对你的态度，取决于你对别人的态度，想要受人敬爱，最好的方式就是从自身做起。

这是最简单不过的道理，但是人们常常违背的，就是这种最简单的道理。

---

“仁者爱人，有礼者敬人。爱人者，人恒爱之；敬人者，人恒敬之。”

仁人懂得爱惜他人，讲礼法的人懂得尊敬他人。爱惜旁人的人，旁人也就总会爱惜他；尊敬旁人的人，旁人也就总会尊敬他。

《离娄章句下》

## 在交往中尊重彼此

收受礼品是一种交际，交际中最重要的是道和礼。相识相交，要求的是社交的正道，不是以非法的、不道德的、邪恶的目的与手段交往。

赠送与接受赠礼，都需要符合礼法。二者的核心是彼此尊重。双方的交往符合正道，彼此的接待符合礼法，处世之道，不外乎此。

---

“其交也以道，其接也以礼。”

人与人之间的交往要符合正道，彼此的接待也要符合礼法。

《万章章句下》

## 有礼有节，恭恭敬敬

日常交际中应该秉持什么样的态度呢？应当恭恭敬敬。

俗话说“关系不够礼节凑”，和关系亲密的人在私底下可以亲昵一点，但在公众场合和陌生人的交往，则必须有礼有节，这样才能给别人留下良好的印象。

交往中所要注意的礼节多而琐碎，当然必须通过学习才能掌握，而在此之前，我们先要做到内心的恭敬。

---

“敢问交际何心也？”“恭也。”

“在交际中应持怎样的心态？”“关键在于对他人要尊重。”

《万章章句下》

## 礼节显露态度

离开故国故土的时候，应当慢慢走，这是表明一种依恋故土的态度。而在社交场合，不同的情境应该持不同的态度，这已经成为一种礼节。

有的时候，哪怕是一次简简单单的握手，都能通过姿势、时间显露出自己的个性，给人留下不同印象。

当然，我们也可以据此了解对方的个性，从而赢得交际的主动权。

---

“迟迟吾行也。去父母国之道也。”

离开故国故土的时候，应当慢慢走，这是表明一种依恋故土的态度。

《尽心章句下》

## 认清美好的幌子

以礼的名义搞出来的礼数礼仪，并不都是真正合乎礼法原则与要求的；以义的名义搞出来的道理与说法，并不都是符合正义的原则与要求的。换句话说，人们可能以礼的名义实施非礼，也可能以义的名义实施非义。

不管多么好的范畴，它们的存在就意味着伪劣的、反面的、虚伪的东西会乘机打着美好的幌子而存在。认识到这一点，是人类认知能力的飞跃，也是人类在文化面前的清醒与自救。

---

"非礼之礼，非义之义，大人弗为。"

以礼的名义搞出来的礼数礼仪，并不是都真正合乎礼法原则与要求的；以义的名义搞出来的道理与说法，并不是都符合正义的原则与要求的。这样的伪礼伪义，君子、大人物是不会做的。

《离娄章句下》

## 相互恭敬，要有诚意

如果只是表面的恭敬，而没有诚挚的心意，君子是不会受这种虚礼的约束的。

一切的礼法，首先出自应有的尊敬崇尚。没有恭敬之心，即使是献赠礼物、奉养周全，仍然是不符合人性、道德与礼法的要求，仍然不足为训。

要恭敬他人，也要得到必需的恭敬，其意义之重大，有待于今人之进一步体悟。

现时的风气太市场、太功利、太动辄以屈求伸了，我们常常为了功利而忍受不敬，常常由于自己的功业、地位、权势而忘记了恭敬他人，这些苦心的谆谆教诲，不该成为我们后人的耳旁风。

---

“恭敬而无实，君子不可虚拘。”

如果只是表面的恭敬，而没有诚实的心意，君子是不会受这种虚礼的约束的。

《尽心章句上》

## 向他人释放善意

“与人为善”已经成为家喻户晓的成语，现多解释为对他人抱友善示好，而无敌视嫉恨的态度，其实原义更多的是指共同为善。从善、行善、怀仁、敬德，人们都汲取彼此的长处，以使自己做得更好。

与人为善的问题，意义不仅在于人与人的关系，更在于整个世道人心是向善还是向恶。道德倾向问题首先不是私人的选择，而是社会的群体状态，所以我们称之为世道人心。世道决定于人心。社会的和谐，需要每个人都释放出善意。

---

“君子莫大乎与人为善。”

君子的伟大莫过于他能汲取众人的长处、众人的美好与智慧，共同行善。

《公孙丑章句上》

## 扩大自己的交际面

孔子在陈地、蔡地间受到困厄，原因是他与当地君臣都没有交往。可见孟子也不否定公关的必要，比较起来，他的交际面似乎不差。

而在现代社会，扩大交际面，协调公共关系，更是个人和企业发展必不可缺少的环节，是我们应对激烈竞争的适应手段。

没有人会一直顺风顺水，在不利的环境中，广泛的交际面往往能为我们带来生机。

---

"君子之厄于陈、蔡之间，无上下之交也。"

孔子在陈地、蔡地间受到困厄，原因是他与当地君臣都没有交往。

《尽心章句下》

## 他人的笑容，唤起你的笑容

“独乐乐不如众乐乐”，在今天已成为一句众人皆知的名言。

哈佛的一项调查显示，良好的人际关系让我们更快乐、更健康。与众之乐，就在于建立起一段又一段良好的人际关系，和家人、朋友、同学、同事、社会，也和自己。

一个孤独的人会越来越觉得与世界疏离，精神更加敏感脆弱，无法和周围的人好好相处，这是一个可怕的恶性循环。与众同乐，则是避免这种恶性循环的有效路径。多与人相处，他人的笑容，也能唤起你的笑容。

---

**“独乐乐，与人乐乐，孰乐？”“不若与人。”**

**“与少乐乐，与众乐乐，孰乐？”“不若与众。”**

“独自欣赏音乐和与他人一起欣赏音乐，哪个更快乐呢？”“与他人一起更快乐。”

“与少数几个人一起欣赏音乐快乐，还是与许多人一起快乐呢？”“不如与大众一起欣赏音乐更快乐。”

《梁惠王章句下》

## 交友交德行，不功利

传统中华文化非常重视交友，“见贤思齐”也好，“三人行必有我师”也好，都包含着友谊的内容。

交友有利于学习提高，丰富自己，扩大眼界，汲取营养，这是一方面。交友也有利于自己的前途出路，有利于力量的壮大，这是另一方面。

这里提到的交友，是说我们应当互相看中对方的德行，不是由于哪一方有可以倚仗贪图的势力，强调道德化与非功利化，在充满功利化的现代社会，可谓一股清流。

---

“友也者，友其德也，不可以有挟也。”

交友是互相看中了对方的德行，不是由于哪一方有其他可以倚仗贪图的势力。

《万章章句下》

## 不能损人利己

“以邻为壑”，已成为著名成语，即损人利己的事也。

在人与己、邻与己的命题上有许多说法，一个是毫不利己，专门利人，这是学习雷锋的号召。一个是个人管自己，上帝管大家，这是西方的说法。一个是推己及人与己所不欲、勿施于人，还有己欲立而立人、己欲达而达人，这是儒家的说法。严加管束“恶劳而好逸”的百姓，这是法家的主张。为了让邻居失掉两目，宁愿请神灵取自己的一目，这是印度的民间故事。

说法虽然不同，不该以邻为壑、损人利己，却是没有疑义的。

---

“今吾子以邻国为壑。水逆行谓之洚水。”

以邻国为大坑，是让水逆水路而流，这样的水叫作洚水（是人祸所致）。

《告子章句下》

## 不要做过分的事

处事待人，不要做太过分的事。延伸到生活的态度，就应该守分安常，以中正为宜，有的事情做得太绝了，就再也没有了回转的余地。

对人的责备或处罚，尤其要适可而止，攻击过了头，即使是再良好的用心也会招来憎恨。这也是一个把握分寸的问题。

---

“仲尼不为已甚者。”

孔子从来不做过分的事。

《离娄章句下》

## 不要挑拨、离间、诽谤、诬告

总是说他人的不善之处，如果这种说法造成了后来的麻烦，你应当怎样去对待呢？很简单，讥人者人恒讥之，谤人者人恒谤之，助人者人恒助之，爱人者人恒爱之。

可偏偏有人以挑拨、离间、诽谤、诬告为一生的专业或业余爱好。越是无才并且不中用的无耻之徒，越是将上述那些变成自己的人生方式。

---

“言人之不善，当如后患何？”

总是说他人的不善之处，如果这种做法造成了后来的麻烦，你应当怎样去对待呢？

《离娄章句下》

## 心机太重令人反感

人们谈论事情，说的是自然而然的实际情况罢了。该什么样就什么样，只要顺其自然与实际，就抓到了根本。

所以人们有时反感于那些用心智过度的人。心智使用过度，就是勉强与失真了。

---

“所恶于智者，为其凿也。”

所以人们反感于那些用心智过度的人，因为他们言之凿凿（反而勉强失真）。

《离娄章句下》

## 避免偏激和轻佻

没有开阔的胸怀，不能包容难事，会因为态度太僵硬而很难与人和睦相处，或是因为缺乏权变而陷入拘泥不化。

极端一点，如果只是一味地否定别人，什么都看不惯，最终就会变成孤家寡人。同样，如果太过轻佻，对待什么都是无所谓的态度，也会让别人觉得不靠谱。这两种情况，都是需要警惕的。

---

“隘与不恭，君子不由也。”

狭隘与不认真，都不是君子之道。

《公孙丑章句上》

## 坦然应对不理解

嚣嚣，就是愉快自适，没有忧愁之色。发表言论之后，他人表示理解认同，要愉快自适；他人不太理解认同，还是要愉快自适。前者很容易，而后者却不太容易做到。

不被别人理解，往往难以挣脱苦闷的阴影，但事实上，要真正做到感情上的息息相通并非容易。理解他人难，被人理解见分晓更难。理解了这些，对于外人的反应就会坦然许多。

---

“人知之，亦嚣嚣；人不知，亦嚣嚣。”

他人理解认同，也要愉快自适；他人不太理解认同，还是要愉快自适。

《尽心章句上》

## 不遭人妒是庸才

有德行、聪慧、道术、知识的人，常常是会生活在麻烦与灾祸之中的。这可以理解为存乎灾疾才能德慧术知。

但也可以解释为越是德慧术知，越容易难逃网罗、牵扯多方、顾此失彼、获罪遭妒，更多地惹上麻烦灾祸。

更深一步则是：德慧术知本身就必然招致妒贤嫉能、招灾惹祸，这话不无悲情；叫作“智慧的痛苦”，叫作“好人难做”，叫作“不遭人妒是庸才”。

---

“人之有德慧术知者，恒存乎疢疾。”

有德行、聪慧、道术、知识的人，常常是会生活在麻烦与灾祸之中的。

《尽心章句上》

## 要有不怕非议的自信

人们其实很讨厌那种说三道四的人。每个人都有过失和冤屈，都有一时不被理解乃至终生难被理解处。越是大人物，越不可能没有对立面。

这样，一个品德高尚的人，应该有足够的自信，不必呼冤、不必埋怨、不必要求群小噤声、不必担心自己名誉受损。

反之，要认识被群小愠怒、误解、攻击、抹黑的难免性，同时更要有身正不怕影子斜的自信心。

---

“士憎兹多口。”

人们很讨厌那种说三道四的人。

《尽心章句下》

## 谁也取悦不了所有人

做一件事，无论多么深谋远虑，也不可能取悦所有人，让正当的、尽可能多的人满意也就可以了。如果立足于让所有人满意，就会因为一件件无关宏旨的小事影响大局，最终只会一事无成。

所以，既然知道了总会有人不满意，那么做事就不能怕得罪人，总是瞻前顾后、谨小慎微是不行的。如果见到一个人就想着要取悦他，无论如何也是忙不过来的。

---

"每人而悦之，日亦不足矣。"

见一个人就去取悦一个人，只怕整天也顾不过来呀。

《离娄章句上》

## 被指出错误，应当高兴

品德高尚的人，如果被别人指出了自己的错误，不但不会懊丧羞恼，反而会感到高兴，这就叫作“闻过则喜”。

可喜的地方有二：一是自己的不足被发现之后可以得到弥补，个人的修养和境界能因此而提升；二是别人愿意当面指明自己的过错，本身就是对自己的莫大肯定。

遗憾的是，这样的人在生活中太少了。闻过则喜，才能更加清醒地了解自己，从而更好地发展自己。

---

“人告之以有过，则喜。”

被别人指出了自己的错误，应该感到高兴。

《公孙丑章句上》

## 真诚是立身处世之本

极尽诚心诚意，不可能不令人感动。而做不到诚心诚意，也不可能令人感动。可见诚心诚意是感动别人的必要条件。

在当今社会，真诚更是立身处世的根本所在，一个人也许能凭借虚伪巧诈谋取一时的利益，但一旦行为被戳穿，就会成为人人喊打的过街老鼠。

---

“至诚而不动者，未之有也；不诚，未有能动者也。”

极尽诚心诚意，却不能感动旁人，这是不可能的；而做不到诚心诚意，却想要感动旁人，这也是不可能的。

《离娄章句上》

## 言出行随，言行一致

人往往是要求别人的很多，而要求自己的太少。言出行随，言行一致，这是一种美德，也是一种境界。

然而，说总比做容易，尤其是修身养性之言、诲人不倦之言、与人为善之言，要能言出行随，言行一致，更是难能可贵。

---

“所求于人者重，而所以自任者轻。”

人往往是要求别人的很多，而要求自己的太少。

《尽心章句下》

## 不要轻率改变言论

易言的问题从个人来说，牵扯到责任问题，故而“一言既出，驷马难追”。又似乎是“无责耳矣”，牵扯到言论自由问题。

从法律上说，对于改变论点与说法，确实需要保留某种宽松性、包容性。遗憾的是，总有一些人轻率地改变自己的论点与言语，给别人的观感，则难免不可靠。

---

“人之易其言也，无责耳矣。”

人为什么会改变自己的说法呢，因为他不会由于改变说法而承担责任（或者，他可以改变说法而不受责难）。

《离娄章句上》

## 坚决抵制伪君子

人们都喜欢合情合理、稳定成熟的人，但这样的人不可能很多。那么我们宁可与不够稳定成熟、个性强一些、偏激一点的人交往，也不愿意与虚伪狡猾的假好人打交道。宁愿与有明显缺点的人交往，也不愿与城府深、令人摸不着底的伪君子打交道。

狂放的人也好，狷介的人也好，前者说大话，后者不合群，但是他们都进取向前，不改其初衷。这样的人即使有各种缺陷，总还带来某种期待与希望。

---

“狂者进取，狷者有所不为也。”

狂放的人进取向前，狷介的人有所不为。

《尽心章句下》

## 好为人师要不得

“人之患在好为人师。”这句话极具自由主义气息，暗含着此亦一是非，彼亦一是非之意，也暗含着非独断论、非绝对化的包容心态。

应该警醒的是，人常有的毛病是喜欢教训纠正旁人，长此以往，就会培养出一种自我优越感，只看到别人的学习不够，而忽视了自己也应该努力、谨慎、奋斗、超越。

---

“人之患在好为人师。”

人常有的毛病是好教训纠正旁人。

《离娄章句上》

## 得理也须饶人

有的人与人辩驳论争，一旦占据道理的高地，就像追逐丢失的小猪一样追逐那些观点不同的人，追入猪圈里不算完，还要绑上它们的腿脚。这样的做法，任是谁看来都会觉得过分。

以理服人、理直气壮是不假，可也要得理饶人。一味地揪住别人的过错、漏洞穷追猛打，只会给别人留下心胸狭窄的印象。

---

“今之与杨、墨辩者，如追放豚，既入其苙，又从而招之。”

有的人与人辩驳论争，一旦占据道理的高地，就像追逐丢失的小猪一样追逐那些观点不同的人，追入猪圈里不算完，还要绑上它们的腿脚。

《尽心章句下》

# 第八章　对待家人要有责任感

## 普通人的三大乐事

有三件最快乐的事，父母全部健在，兄弟无病无恙，这是头一件乐事。仰头无愧于苍天，低头无愧于人众，这是第二件乐事。聚拢天下杰出人才而教育他们，这是第三件乐事。

对于一个普通成人来说，没有比父母俱在、兄弟姊妹平安更幸福、更欣慰的事了。其次是自己的为人，正派、讲道义、讲礼法、讲德行、无所羞愧悔恨煎熬、自己满意自己……这是知识分子型的自我救赎、自信自赏的要义。得到英才，已经说明了自己的凝聚力、公信力；教之育之，更说明了自己的高尚档次与可能有长远与广泛的影响，当然满意。

---

“父母俱存，兄弟无故，一乐也。仰不愧于天，俯不怍于人，二乐也。得天下英才而教育之，三乐也。”

父母全部健在，兄弟无病无恙，这是头一件乐事。仰头无愧于苍天，低头无愧于大众，这是第二件乐事。聚拢天下杰出人才而教育他们，这是第三件乐事。

《尽心章句上》

## 情感是最宝贵的财富

家庭成员尤其是亲子间的情感，是人类一切情感的基石。

世界上有太多的人不重视这些情感上的反应，他们完全被社会化、职业化、政治化或者学术化，他们的家庭生活反而被排挤、被忽略，他们的童年记忆、童年情愫、赤子之心也早已随着时间的流逝而消失殆尽了。即使一切的荣誉、财富、美色都归于你，也抵不了与双亲不和的遗憾。

换言之，真挚的情感，才是一个人最宝贵的财富。

---

"贵，人之所欲，贵为天子，而不足以解忧。"

高贵，是人们所期望的，但即使高贵到了天子的地位，仍然有消解不了的忧愁。

《万章章句上》

## 孝是做人的根本

不能顺应好父母意愿、没有使得父母满意的人，很难相信他能够做好其他事情。因为在传统语境中，孝是忠的基础，二者理论上是统一的。万一二者发生了矛盾，孝更重要，孝更切近实在，必须从孝做起。

这是一个重要的价值序列，带有某种务实性、亲切性与情理性。尽管有的时候这又与公而忘私、大公无私、先人后己的价值认知相悖，但我们很难认定这两者哪个是错的。

---

"不得乎亲，不可以为人。"

没有使得父母满意的人，不能算是好的为人。

《离娄章句上》

## 不失赤子之心

高尚的人物，是没有失去其婴儿时期的纯洁与诚恳的人。

也确实，越是伟大的人，越有单纯的一面。

生命的特点之一就是对于生命的眷恋，因而怀旧，因而美化童年的单纯诚挚。

---

“大人者，不失其赤子之心者也。”

高尚的人物，是没有失去其婴儿时期的纯洁与诚恳的人。

《离娄章句下》

## 关照别人，关照自己

爱惜孝敬自己的双亲，进而也去爱惜孝敬他人的双亲；爱护照顾自己的孩子，进而也去爱护照顾他人的孩子。这是中国社会“尊老爱幼”的传统。

对生命起点和终点的关照，不仅体现出一种博爱的精神，更是对我们每个个体自身担忧与恐惧的抚慰——我们是这样走来，我们也将这样离去。

关照别人，也是在关照自己。

---

“老吾老，以及人之老；幼吾幼，以及人之幼。”

爱惜孝敬自己的双亲，进而也去爱惜孝敬他人的双亲；爱护照顾自己的孩子，进而也去爱护照顾他人的孩子。

《梁惠王章句上》

## 不接近无谓的危险

正命包含正常死亡，对于必将到来的死，我们应该学会心安理得地接受。

非正命则包含灾祸、事故死亡，所以说，知命，即明白尊重敬畏天命的人，不站立在危房危墙之下，不让自己处在无谓的危险之中，以免不测的灾祸。这是对自己的负责，也是对家人的负责。

---

“知命者不立乎严墙之下。”

尊重敬畏天命的人，不站立在危房危墙之下。

《尽心章句上》

## 传递善心，尽心尽力

把财物分给别人只能算作小的恩惠，把善良的心思传递给别人，把才华教给他人则可以称得上真诚善良，后者要比前者高出一个层次。

正如有财者才能分人以财，教人以善者不仅需要内心怀有对善的坚持热爱，还要充满对生活的向往，把善心善思传递给他人。

尽管有时这确实会给自己带来麻烦，但只有这样，才能体现出尽心尽力的责任感。

---

“分人以财谓之惠，教人以善谓之忠。”

把财富分给别人的叫作惠，把善良的心思、才华教给他人的叫作忠。

《滕文公章句上》

## 守护自身是大孝

把侍奉父母与个人的道德守持统一起来，这当然有道理。一个孝子，应该懂得爱惜自己的名声与形象，“身体发肤受之父母，不敢毁伤”（《孝经》）是孝，那么不敢毁伤自己的品格名节，就更是大孝了。

---

“事，孰为大？事亲为大；守，孰为大？守身为大。”

侍奉谁最要紧呢？侍奉父母最要紧。守护什么最要紧呢？守护自身（的品格名节）最要紧。

《滕文公章句上》

## 仁德与亲敬要分对象

美好的道德情操，仍然有自己的具体性、针对性、规定性与分寸性。

仁德是人与人特别的情感，放到物体上则谈不到。文学作品以拟人的手法表达对万物的热爱，这当然是另一种情况。

亲敬，是对亲人，主要是对父母的感情，也不可滥用。对于其他人，仍然要保持一定的距离与界限，有公事公办的一面。

---

"君子之于物也，爱之而弗仁；于民也，仁之而弗亲。"

君子对于外物，爱惜但谈不上仁德；对于民人，要讲仁德但谈不上亲敬。

《尽心章句上》

## 不走正道，众叛亲离

自己不走正道，哪怕是关系再亲密的人也不可能听你的。用人不按正道，也就没法按照正道去对待关系亲密的人。这两句话翻来覆去都是在说正道的重要性。

然而，生活中从来不会缺乏这种不顾他人劝阻、一条道走到黑的人，这样的人不要说指望他们给周围的人带来好的影响，不带来灾难已经是万幸了。而他们最后的结果，也自然是众叛亲离。

---

“身不行道，不行于妻子。使人不以道，不能行于妻子。”

自己不走正道，哪怕是关系再亲密的人也不可能听你的。用人不按正道，也就没法按照正道去对待关系亲密的人。

《尽心章句下》

## 从身边做起

想得到上级支持是有途径的，得不到友人的信服，也就得不到上级的支持。比如朋辈中人都说你的坏话，上级难免从“群众反映”中得出对你的负面印象。

但是我们也要认识到，朋友信服你，或许是获得上级支持的必要条件，但不是充分条件。朋友说你好，上级不说你好也是可能的。

不过这句话的要义，大概是提醒我们，很多事情都要从身边做起。

---

“获于上有道，不信于友，弗获于上矣。”

想得到上级支持是有途径的，得不到友人的信服，也就得不到上级的支持。

《离娄章句上》

## 教诲的方式是多样的

教育的方法也是多种多样的，认为不值得教诲从而对某个人不予教诲，也是一种教诲。这也像传染病情的“零报告”。零报告也是疫情报告，零也是一个重要的数字。

不予置理当然也是一种对待，或者可能是一种教诲的方式。不予置理是与循循善诱、苦口婆心、授业解惑、教书育人并存、对立、对应的一种教授状态，它可能是对于教育的放弃，也可能是对更有效的教育方式的期待与摸索。

---

“教亦多术矣，予不屑之教诲也者，是亦教诲之而已矣。”

教育的方法也是多种多样的，认为不值得教诲从而对某个人不予教诲，也是一种教诲。

《告子章句下》

## 教育的五种途径

教育事业包括五种途径，似乎不处于同一层面或空间。时雨化之，说的是频率，像是指家庭特聘教师。成德与达材（财），似乎是说教育重点，也是说这位教师的特长，或在道德人格，或在才能专业。答疑，以上三种教导都需要。

最后一种私淑弟子云云，于后世影响较大，这种命名给人美感，而且扩大了教与学的概念。

---

"君子之所以教者五：有如时雨化之者，有成德者，有达财者，有答问者，有私淑艾者。"

教育事业包括五个途径：一个是像及时雨一样随时点化；一个是完成被教化者的品德；一个是发展被教化者的才能；一个是解答被教者的疑问；一个是靠他的影响所及，被弟子私下里当成榜样来模仿学习。

《尽心章句上》

## 文化的影响更持久

不管是谁，他的事业风范影响一般都不会限于一两代，但也都不是恒久无限的。人们常说“富不过三代”，就是这个道理。三世之后，到了曾孙，即使有过同堂之欢，也已经印象寡淡；五世玄孙，则对玄祖几乎完全没有印象。

唯有绵延好的家风，始终秉持对传统的一种敬畏，这种好的影响，才能拥有一种超越时间与血脉的力量。还有一句话叫作“三代才能培养一个贵族”，说的就是这种文化影响人的持久力。

---

“君子之泽五世而斩。”

君子的恩泽风范，过了五代也就中断了。

《离娄章句下》

## 重视生命的终点

送终是大事，无疑；比侍奉父母的老年生活还有分量，却令今天的人困惑。这样说恐怕是由于强调送终的文化意义、道德意义、终极意义、礼法意义。

强调送终的意义还有一个作用，就是减少一点对于存在的虚无感，色即空感，梦、幻、泡、影、露、电的六如感，无常感。即使已经死亡，仍然不是梦、幻、泡、影、露、电，而是扎扎实实的一生的隆重总结。

---

“养生者不足以当大事，惟送死可以当大事。”

父母活时侍奉父母，并不能算什么大事；而为父母送终，那是一件大事情。

《离娄章句下》

## 血缘相继的链条

“不孝有三，无后为大”的说法，现在看起来很陈旧了，城市中的丁克家庭也自有道理。但是仔细想想，把生命的一部分意义看成一个血缘相继的链条，应是不无道理的想法。

在生生不已的世界上，每个人的生命都是链条上的一个环节，这种说法有它的感人之处。

---

“不孝有三，无后为大。”

不孝的表现有三种，其中最大的不孝是没有子女。

《离娄章句上》

## 命运共同体的一分子

从个人间的婚姻血缘关系而组织成为家庭，许多家庭、家族再通过各种形式的分化组成一个国家。

这些不仅是量变，也是质变；是突破，也是飞跃；是良心、亲情、道德、情感、习俗的延展，更是社会化、体制化、法制化、理性化、合理化的体现。

从个人再到家庭、国家的这个飞跃过程，也是生活与命运共同体集结的过程。共同体中的每个人，都因此而息息相关。

---

“天下之本在国，国之本在家，家之本在身。”

天下的根基是国，国的根基是家，而家的根基是每个人自身。

《离娄章句上》

# 终章　实现弘扬义理的高尚人生

## 取与给，要适当

可取可不取的，应该不取，取了就不够廉洁；可给可不给的，应该不给，给了就不够仁惠。

这里关于廉洁说得比较明白，廉以律己要严格，不但不可收取不该收取的，就是可收取但有不可收取的疑义的，也不得收取，这就会消灭灰色地带、灰色收入。

给了反倒不恩惠，稍稍绕一点，但也可解，不是对方最需要、最解渴的东西，你不要赠予，不要赏赐，不要瞎拉拢、瞎做人情。

总而言之，面对这样的取与问题，一定要在心中设置一个严格的标准。

---

“可以取，可以无取，取伤廉；可以与，可以无与，与伤惠。”

可取可不取的，应该不取，取了就不够廉洁；可给可不给的，应该不给，给了就不够仁惠。

《离娄章句下》

## 多求善，少求利

舜是大圣人，跖是大盗贼，这两者的区别不在于别的，只在于所求为善还是为利。这里的观点固然极端了一点，因为除了大舜与盗跖以外，人类还有中间状态。

追求善的人不在少数，问题是他们同时也希望获利而不是遭遇惹祸。追求利的人更多，但是追求利的人绝对不是注定要当骇人听闻的大盗。

当不成大舜便必然成为大盗，这里说得太绝对了，不过也有一点好处，用两种极端给人们当头一个棒喝。

---

"欲知舜与跖之分，无他，利与善之间也。"

想知道舜与跖的区别吗？没有别的，一个是善，一个是利。

《尽心章句上》

## 守德与诚信，不是为了得失

遵守道德，并不是为了仕途上进取。言语诚信，并不是为了突出自己行为的正确。

尽人事，听天命，此其一也。

道德礼法，都要进入化境，成为自身的需要而不是外在的规范，此其二也。

进入化境了，按照自己的天性的需要做了，完全用不着考虑得失、成败、利钝，此其三也。

---

“经德不回，非以干禄也。言语必信，非以正行也。”

遵守道德，并不是为了仕途上进取。言语诚信，并不是为了突出自己行为的正确。

《尽心章句下》

## 实现利与义的双赢

关注利益，就会诱发争夺和混乱；不谈利益，则调动不起积极性来。这是今天我们仍然必须面对的麻烦。人心中有趋利避害的常态，但一个只讲求利益的社会是可怕的，人们也要求好人好报、善行获利的公正与天理。

那么问题在于，我们要学会分清大利小利，从长远上将利与义的辩证关系搞清楚，将争利平等化、正当化、法制化，使利的争夺走向公平竞争的正面轨道，使利的产生、分配、竞争都符合义理。只有利益和道义不再截然对立，我们才有可能实现双赢。

---

"上下交征利而国危矣。"

上上下下互相争利，这个国家就危险了。

《梁惠王章句上》

## 面对选择，提高标尺

鱼与熊掌的取舍问题是孟子最动人的论述。取与舍，这是人生选择的一大痛苦、一大困惑，也是人生的一大况味。伟人与庸人、高尚与卑贱、贤与不肖、烈士与懦夫，恰恰是在重大的取舍选择上见了分晓。

我们强调尊严，强调人的尊严，生命的价值在于义理、道义。如果生命就是一切，活命主义就会令人做出不仁不义、丧失尊严、失落底线、只求苟活的事情来。因此，在面对选择时，我们要提高自己的精神追求的标尺。

---

“生，亦我所欲也，义，亦我所欲也；二者不可得兼，舍生而取义者也。”

生命是我所想要的，义理也是我所想要的。二者不可兼得，我可以舍弃生命，而坚持义理。

《告子章句上》

## 面对选择，要有定力

现在的人面临着许许多多的选择，选择的困惑也令人痛苦。人们有时会处于选择的艰难与犹豫不决之中，处于心志的动荡与精神的崩溃之中。动心，往往让人狼狈不堪；不动心，才能坚决踏实。

不动心，就是说心志不应该受外物的影响而震荡动摇，要沉得住气，保持一贯性，用现在的话说，就是要有定力。这种定力，不仅是心理素质、承受能力、自我掌控能力，更是一个道德自信与道德勇气、道德把持的问题。

---

"我四十不动心。"

四十岁以后，我就从来不心旌摇曳、心志动荡了。

《公孙丑章句上》

## 向内追求，改善自身

你需要什么，先向自己索取。例如，你需要官职，你应该向自己索取人格、人品、德行、智慧、能力、威信、学识，等等；你需要财富，你应该先向自己索取应有的一切品质与智慧。实际上这样将向内追求与向外追求结合为一了。

俗人、庸人只知道向外索取追求，其实大多是得不到的。只知道追求名利地位，却不能自省自己的缺欠贫乏；只知道怨天尤人，不自省自己缺少应有的素养与条件。比较正确的做法，一定是永远反求诸己、充实自身、改善自身。

---

"求则得之，舍则失之，是求有益于得也，求在我者也。求之有道，得之有命，是求无益于得也，求在外者也。"

追求就能获得，舍弃就会失去，就是说追求有助于真正地有所获得，因为你追求的是自身上的东西。还有一种追求，需要一定的道术，获得它还要靠运命，说明追求不一定有助于真正获得什么，原因是你追求的是身外之物。

《尽心章句上》

## 美在天真，善在秉性

说得切近实在，意思深远宏大，那是最美好的话语；把持简单明晰，意义广博厚重，那是最伟大的正道。

人们都欣赏单纯、诚恳、切实、明白、生活化、常识化，都反对巧言令色、天花乱坠、故作高深，不赞成夸张与做作。

还是那些最简单的道理：美在天真，善在秉性，德在浸润，道法自然。

---

"言近而指远者，善言也；守约而施博者，善道也。"

说得切近实在，意思深远宏大，那是最美好的话语；把持简单明晰，意义广博厚重，那是最伟大的正道。

《尽心章句下》

## 无为无欲，干净清爽

无为相当于勿为，即不想做、不应做、不宜做，那些不可做、不须做的事。试想，一个人能够做到不去做那些可以不做的事，他会变得清爽许多、纯洁许多、善良许多、健康许多。

无欲相当于勿欲，即不想取得、不应取得、不宜取得，那些不可获取、不须得到的一切。无欲则刚，无欲则干干净净，知足常乐，心态好，利于做事也利于养生。

---

“无为其所不为，无欲其所不欲，如此而已矣。”

不做不需要做的事，不期望不需要的事物，这就是我的意思。

《尽心章句上》

## 言未必信，行未必果

从小我们被教导“言必信，行必果”，但这里却表现出一种极大的灵活性。我们要清醒地认识到，小道理或许有时需要服从大道理，但更多的时候也可能是小道理成为大道理的基础与前提。

我们需要前者高屋建瓴、势如破竹的高端精神，同样也需要后者精细审慎、万无一失的科学态度。

---

“大人者，言不必信，行不必果，惟义所在。”

高尚的人物，并不是每一句话都必须信守，每一件事都必须做成。他们要考虑的只有义理，即大道理。

《离娄章句下》

## 认清仁与不仁

仁爱的人把自己的仁爱之心延伸到自己并不喜爱的那些人身上；而不仁爱的人，将自己的不仁不爱之心，延伸到自己所喜爱的那些人身上。

扶老携幼、援难济贫、助人为乐，这是一种爱的文化风习与政治标榜。但同时，人性中、社会中也有非仁、互相争夺乃至相互仇恨的一面，至于由于仁爱而上了坏人的当，则令人长叹与痛心疾首了。

仁会扩大，不仁也会扩大，人性与社会中有扩大化的驱动因子，认清楚这些因子，就显得极为重要。

---

"仁者以其所爱及其所不爱，不仁者以其所不爱及其所爱。"

仁爱的人把自己的仁爱之心延伸到自己并不喜爱的那些人身上；而不仁爱的人，将自己的不仁不爱之心，延伸到自己所喜爱的那些人身上。

《尽心章句下》

## 做正确的事，追求内心的满足

不仁的事情不要做，无礼的举止不要有，做正确的事，追求内心的满足。

如果做到了这些，仍然有偶然的、无端的、一时的为难与不快，君子根本不会为之为难与不快。

修为能够达到这一层次，幸福感一定会提升不少。

---

“非仁无为也，非礼无行也。如有一朝之患，则君子不患矣。”

不仁的事情不要做，无礼的举止不要有。如果做到了这些，仍然有偶然的、无端的、一时的为难与不快，君子根本不会为之为难与不快。

《离娄章句下》

## 拒绝被收买

要做一个品德高尚的人，至少不能随随便便、没有原则。为了一点蝇头小利就舍弃尊严、舍弃原则，没有尺度和下限地去迎合别人，绝不是品德高尚的君子干得出来的事。一个君子怎么会被财物和利益收买呢？

拒绝被收买，首先是一种道德自律。短期内也许会吃亏，但从长远来讲，这是我们形成独立人格的重要一步。

---

"焉有君子而可以货取乎？"

哪有君子可以用钱来收买的呢？

《公孙丑章句下》

## 正直也要分时候

权力是不能独自运行的，权力的特点在于一呼百应、一令百从，顺我者吉、逆我者凶，助我者飨、反我者亡。一味耿介，极易变成权力系统的对立面与牺牲品，岂不危哉！

但有时我们又不能丢掉自己的耿介，只不过我们的耿介不应表现为坚持己见、挑战权威，而应当是忍辱负重、不逞意气、矢志不渝。可以说，这种耿介要更加可贵。

---

"柳下惠不以三公易其介。"

柳下惠不会为了做到三卿级别的大官而变易他的耿介正直的行事方式。

《尽心章句上》

## 让与不让，要看是什么事

重视名誉的人，能够谦让拥有千辆兵车的侯国王位。如果不是这样的人，那么，一点吃食的归属，也会使他变色。

不同的人有不同的价值追求，有的大方，有的小气，有的在此事上大方，有的在彼事上大方。这是一个说法。

还有解释“苟非其人”为所让非其人的，就是说不想让给、不配让给的人是得不到相让的一切的，非其人而让之，只会让人变颜变色，叫作“出洋相”。

---

“好名之人能让千乘之国，苟非其人，箪食豆羹见于色。”

重视名誉的人，能够谦让拥有千辆兵车的侯国王位。如果不是这样的人，那么，一点吃食的归属，也会使他变色。

《尽心章句下》

## 警惕因方正而受到欺骗

君子可能因为自己的方正而受到欺骗，因为小人可以按照君子的思路设计骗局，但是不可能被违反原则道理的事情所迷惑。

这里总结得十分老到与可悲，“君子可欺之以方”，已经成为成语。欺骗君子，你得按照君子的逻辑，使用君子的语言，一句话，你先得自我装扮成君子。

君子，你要警惕！

---

“故君子可欺以其方，难罔以非其道。”

所以说，君子可能因为自己的方正而受到欺骗，但是不可能被违反原则道理的事情所迷惑。

《离娄章句下》

## 要有包容与灵活的空间

凡事执中，似乎有点中庸之道。但是中庸的“中”不应该是一个固定的点，而应该是一个有所发展、运用、变化的活生生的道体与道用。

就是说，真正的中庸是应该有很大的包容与灵活的空间的。

君子之所以要选择中庸，正是因为中庸拥有弹性，而极端的中庸或极端的反中庸，容易画地为牢，限制自身。只知死死板板地找中点立论，其实是在破坏损伤大道。

---

“执中无权，犹执一也。所恶执一者，为其贼道也，举一而废百也。”

持中间态度而没有权变与具体调整应用，好比执着僵硬于一个端点。执着于某一端点之所以不招人待见，是因为它损害了正道，僵硬于某一点而丢弃了正道的全面。

《尽心章句上》

## 从自身寻找真理

保持住自己的心志，涵养好自身的秉性，也就能领受外在对自己的要求和机遇了。之所以这么说，是因为外在因素是不以人的意志为转移的，只有提升自己的内涵才最为直观、最为高效、最为切实可见。总之，最高、最核心、最终极的真理，只能从自身寻找。

---

“存其心，养其性，所以事天也。”

保持住自己的心志，涵养好秉性，也就能领受与实行天道对自己的要求、给自己的机遇了。

《尽心章句上》

## 担负起个人的责任

“乐以天下，忧以天下”代表的是中国文化中强烈的使命感和自我牺牲精神，对于今天的我们来说，也绝不是意义空洞、故作深沉。

在世界日益成为一个整体的今天，它能让我们意识到个体与世界产生的联系，意识到个人的所作所为对社会的影响。

我们对自己的期许，应当超越种族和国界的限制，成为一个合格的地球公民。

---

“乐以天下，忧以天下。”

以天下人民的乐而快乐，以天下人民的忧而忧患。

《梁惠王章句下》

## 不要因小失大

人不能因为照顾小的而损害了大的，因不重要的而损害了珍贵的。

只专注于养护自身的小部位、小需求、小功能的是小人物，能够养护自己的大部位、大需求、大功能的才是大人物。

---

"无以小害大，无以贱害贵。"

不能因为照顾小的而损害了大的，不要因不重要的而损害了珍贵的。

《告子章句上》

## 不因表象忽略主旨

讲诗的人，不能只讲文字却搞错了词句，也不能只讲词句却搞错了用意。只有顺着为诗的意图来反向推导作者的心志动机，才能真正解读诗。我们不能陷入表面的言辞解释而迷失作品主旨。读诗如此，做事也如此。

但“以意逆志”而“得之”的意与志，是谁的意与志？是写诗者的意与志，还是解读人的意与志？是我注诗，还是诗注我意我志？这恐怕也是双向的。

---

“故说诗者，不以文害辞，不以辞害志。以意逆志，是为得之。”

讲诗的人，不能只讲文字却搞错了词句，也不能只讲词句却搞错了用意。只有顺着为诗的意图来反向推导作者的心志动机，才能真正解读诗。

《万章章句上》